영유아 음악교육

안경숙 · 신애선

창지사

머리말

음악은 지난 20여 년 동안 뇌 과학의 분야에서 가장 많은 연구의 초점이 되었다. 그 이유는 예술의 한 형태인 음악이 가지고 있는 놀라운 교육적 효과 때문이기도 하고, 인간의 삶에 미치는 긍정적인 영향 때문이기도 하다. 사실 음악이 어떻게 우리의 감각과 사고를 자극하고, 감정을 다양하게 표현해 내는지는 뇌 과학이 발달했음에도 불구하고 여전히 수수께끼처럼 완전하게 밝혀지지는 않았다. 하지만 최근 현대 과학의 발전으로 인지 신경과학이 더욱 발달하면서 뇌 과학자들은 영유아기의 음악교육에 대해 많은 관심을 가지며 다양한 연구들을 수행해왔다. 그 결과 인간의 뇌는 음악을 전담하는 신경회로를 가지고 있으며, 이러한 신경회로가 집중적으로 발달하는 시기가 영유아기라는 것이 명백해졌다. 뿐만 아니라 음악은 오랜 옛날부터 다양한 문화 속에서 인간의 삶에 지대한 영향을 미쳐왔으며 특히 영유아들에게 미치는 엄청난 교육적 가치가 있다는 것이 검증되었다. 이에 본 연구자들은 진정한 의미의 영유아 음악교육이 이루어질 수 있도록 새로운 패러다임인 뇌 신경과학적 측면을 포함하여 음악교육에 대한 다양한 접근과 이론에 대한 내용뿐만 아니라 영유아 음악교육의 내용 영역과 교육 방법과 평가가 서로 연계된 영유아 음악교육 저서를 집필하였다. 이 책의 주요 목표는 예비 유아교사들이 영유아 음악교육에 흥미를 가지고 다양한 음악교육 내용 영역에 대한 이해와 바람직한 음악교육 방법과 평가에 대한 실제적인 이해를 도울 수 있도록 하는 데 있다.

제1장은 영유아 음악교육에 대한 이해로서 영유아 음악교육의 목적과 필요성을 다루었으며, 제2장에서는 영유아의 음악적 능력의 발달에 대한 내용을 제시하였다. 제3장은 영유아 음악교육의 이론적 기초로서 음악의 기본 요소와 중요성 및 상호작용 방법을 다루었다. 제4장은 영유아음악교수법으로 음악교육 학자인 고든(E. Gorden)과 오르프(K. Orff), 코다이(Z. Kodaly), 달크로즈(E. J-Dalcroze)의 음악교수법을 소개하였다. 제5장은 영유아 음악교육에 대한 다양한 이론으로 구성주의 이론, 다중지능 이론, 뇌 기반 학습이론을 제시하였으며, 제6장은 만 0~2세 영아를 위한 표준보육과정과 만 3~5세 유아를 위한 누리과정 및 영유아 음악교육 내용을 제시하였다. 그리고 제7장에서는 음악교육 교수방법에 대해 다루었으며 제8장에서는 영유아 전통 음악교육의 내용과 그 장르와 특징, 음악적 요소를 제시하였다. 제9장에서는 영유아 음악교육을 위한 환경구성에 대한 예시를 들어 자세히 다루었다. 제10장에서는 영유아 음악교사로서의 역할을 다루었고, 제11장에서는 영유아음악교육 평가에 대한 내용과 방법을 다루었다. 마지막으로 12장에서는 영유아음악교육의 통합적 접근으로서 음악과 수학·언어·사회·동작·과학영역, 음악과 음악, 음악과 예술 간의 통합적 접근에 대해 다루었다.

우리는 이 책이 예비유아교사들에게 바람직한 영유아 음악교육에 대한 기초를 쌓고 미래의 유아교사로서의 실천적 지식을 구축하는 데 많은 도움이 되기를 진심으로 바란다.

2020. 2.

저자일동

목/차

제1장

영유아 음악교육에 대한 이해

1. 영유아 음악교육의 목적

영유아기 음악교육은 궁극적으로 음악적 소양을 증진함으로써 영유아가 음악 활동을 통해 행복함과 즐거움을 느끼고, 음악적 소양을 기르며, 정서를 순화하고 전인 발달의 기초를 다지는 것을 목적으로 한다. 또한, 영유아기 음악교육은 영유아가 다양한 음악에 관심을 가지고, 음악을 탐색하며, 음악을 즐길 수 있도록 돕는 것에 있다(Campbell & Scott-Kassner, 2014). 즉 유아들이 매일의 일상생활 속에서 음악을 즐겁게 경험하고, 음악적 요소들에 관심을 가지고 음악 활동에 몰입함으로써 음악적 태도를 길러 주고, 음악적 능력을 증진 시키는 것과 동시에 감성도 길러 줄 수 있다. 그러므로 유아교육 기관에서는 풍부한 음악적 경험과 환경을 제공해 주어야 한다.

2. 영유아 음악교육의 필요성

영유아기 음악교육의 경험은 영유아의 삶에 중요한 영향을 미치며, 영유아 스스로의 생각과 느낌을 표현할 수 있는 통로가 된다. 음악교육은 영유아의 전인 발달에 중요한 역할을 하며, 특히 영유아의 사회·정서 발달에 긍정적 영향을 준다. 왜냐하면 영유아들은 음악을 통하여 다양한 정서를 경험할 수 있고, 심미감을 발달시킬 수 있으며, 그러한 과정에서 자신의 정서적 안정감을 증진할 수 있기 때문이다(Vist, 2011).

영유아기의 음악교육은 영유아가 교사로부터 어떠한 음악적 경험을 제공 받았는가에 따라 영향을 받게 되는데, 특히 음악적 경험의 질은 영유아의 음악에 대한 인지능력과 음악적 표현능력에 영향을 미친다. 그러므로 교사는 영유아에게 질 높은 음악 활동 경험을 제공함으로써 음악에 대한 학습의 질을 높이고 성취감을 느낄 수 있도록 도와야 한다. 또한 영유아기는 음악적 능력의 결정적 시기이므로 체계적이고 계획적인 음악적 환경과 경험이 제공되어야 한다(Gorden, 2005; Mitchell, 2002). 영유아에게 질적으로 우수한 음악적 경험이 제공될 때 영유아기 음악적 능력의 발달이 빠르게 이루어질 수 있으며(Gembris, 2002), 이러한 영유아기의 풍부한 음악적 경험들은 음악적 태도와 음악적 능력의 발달에 많은 영향을 미친다(엄정애·송정, 2008). 영유아 음악교육이 영유아의 전인 발달에 미치는 영향을 구체적으로 제시하면 다음과 같다.

첫째, 영유아 음악교육은 영유아의 음악적 능력 발달을 돕는다.

영유아는 음악교육을 통해 영유아가 가진 잠재적인 음악적 능력을 최대한 발현시킬 수 있다. 즉 음악 활동 자체가 음악교육의 목적이며(Elliott, 1995), 그 목적을 이루는 과정에서 음악적 능력이 발달된다. 음악적 능력은 음악 적성, 음악적 자질 등과 같은 의미로(방은영, 2008), 음악을 듣고 그 음악을 이해하여 반응하고, 음악적인 표현을 가능하게 하는 포괄적 수행능력이다(박형신, 2006). 음악적 능력은 음악의 요소 즉 소리, 리듬, 음정 등을 인식하고 구분할 수 있는 인지적 차원과 음악을 듣고 표현하는 능력을 모두 포함하는 것으로서 인간이라면 누구나 갖고 있는 보편적인 특징이며 환경적 요인과 교육을 통해 더욱 발달하는 능력이다(Reimer, 2017).

리듬악기노래

이계석 작사
이계석 작곡

노래를 부르면서 음악적 능력 발달을 함께할 수 있는 동요의 예

둘째, 영유아 음악교육은 영유아의 정서 발달을 돕는다.

영유아는 다양한 음악을 듣고 표현하는 과정에서 다양한 정서를 느끼고 이러한 정서를 자연스럽게 표현한다. 이와 같은 경험은 유아의 삶과 정서에 중요한 영향을 미치므로(Lehman, 2002), 다양한 음악적 경험을 제공함으로써 정서 발달을 도모할 수 있다(Winsler, Ducenne & Koury, 2011). 예를 들면, 노래 부르기, 악기 연주하기, 신체 표현하기, 음악극하기 등을 통해 음악적 요소를 충분히 탐색하고, 이를 음악적으로 표현하는 과정을 통해 자신의 정서를 인식하고 조절하는 능력을 증진할 수 있다(심재연, 2017).

Salovey와 Mayer(1997)에 의하면, 영유아의 정서는 교육을 통해 증진시킬 수 있으므로, 유아교육 기관에서 정서 발달을 자연스럽게 향상할 수 있는 프로그램 제공의 중요성을 제안하였다. 안경숙·신애선(2018)은 만 5세 유아들에게 악기가 그려진 명화감상 시간을 제공하는 것을 통해 정서 발달에 긍정적인 영향을 미친 것을 보고한 바 있다. 영유아는 친구와 함께 명화 속 악기를 감상하는 과정에서 서로의 의견을 나누고, 친구의 정서를 인식하고 존중하는 태도를 습득하였으며, 명화에 나타난 즐거움, 슬픔, 흥분, 침착함 등의 정서를 인식할 수 있었기 때문에 유아의 정서발달에도 도움이 되었음을 알 수 있었다.

셋째, 영유아 음악교육은 영유아의 창의성 발달을 돕는다.

창의성은 21세기의 창의적 인간 육성을 위한 최고의 목적이자 교육이 추구하는 방향이다(보건복지부, 2013). 신애선·안경숙(2017)은 악기가 그려진 명화를 유아들과 함께 감상하고 자신이 갖고 싶은 악기를 디자인하여 만들어 보는 활동에서 창의적인 악기를 만드는 유아들의 모습을 볼 수 있었다. 유아들은 악기 디자이너가 되어 자신만의 악기를 만드는 것에 대해 흥미를 갖고, 처음에는 좋은 소리를 내는 악기를 만드는 것에만 관심을 보였다. 그리고 점차 명화 속의 악기를 감상하고, 인터넷을 통해 다양한 악기의 실제 모습과 소리를 능동적으로 탐색하였다. 또한 유아가 악기를 직접 디자인해 보도록 안내한 전략을 통해 악기에 대한 흥미뿐만 아니라 새로운 악기를 만드는 것에 대한 창의적인 아이디어를 이야기하였으며, 자신의 아이디어를 가지고 창의적인 악기를 만들 수 있었다.

내가 갖고 싶은 악기 디자인

쿠킹호일로 구기고 잘라 넣어 만든 마라카스

넷째, 영유아 음악교육은 영유아의 신체 발달을 증진시킨다.

영유아들은 다양한 음악을 들으면서 신체로 표현하는 활동을 많이 하는데, 이러한 경험은 신체 발달의 기회를 제공한다(Pica, 2010). 예를 들면, 노래에 맞춰 악기를 연주하거나 신체 표현하기 등의 활동에 참여하는 것은 영유아들이 자연스럽게 소근육과 대근육을 발달시킬 수 있는 기회가 된다.

그대로 멈춰라

김방옥 작사
김방옥 작곡

노래를 부르면서 신체발달을 함께할 수 있는 동요의 예

다섯째, 영유아 음악교육은 영유아의 언어 발달을 증진시킨다.

여러 가지 소리를 듣고, 탐색하고, 소리를 만드는 음악적 활동은 유아의 소리에 대한 이해 및 듣기 기술을 증진시키며, 노래 배우기를 통해 다양한 어휘를 자연스럽게 학습함으로써 영유아의 언어 발달을 도와준다. 예를 들면, 우리나라의 전래동요 중 많은 양을 차지하는 말놀이 동요에는 말꼬리를 따 묻는 '꼬리 따 묻기요', 산발적인 문답을 이어가는 '문답요' 등이 있다. 영유아는 말놀이를 하며 처음에는 의미를 모른채 쉽게 따라 하지만 다양한 어휘를 많이 사용하게 되면서 언어 발달을 증진할 수 있다.

여우야 여우야 뭐하니

전래동요

노래를 부르면서 언어 발달을 함께할 수 있는 동요의 예

여섯째, 영유아 음악교육은 영유아의 인지발달을 증진시킨다.

음악과 수학은 구조적으로 서로 유사성을 가지고 있으며, 음악적 경험은 수학적 사고의 발달을 돕는다(김은정·이정욱, 2005). 특히 음악의 요소인 리듬, 패턴, 박자 등은 수학의 내용 영역인 수 감각 및 규칙성과 유사한 내용으로 다양한 음악교육 경험은 인지발달에 긍정적인 영향을 줄 수 있다. 또 다른 예를 들면, 영유아들은 수학에서의 수 개념을 이해하기 위해서 먼저 수 이름을 알아야 한다. 고유한 수 단어와 한자 수 단어의 이중적인 수 단어체계를 갖고 있는 우리나라 영유아들은, 2세를 전후하여 고유 수 단어(하나, 둘, 셋)를 먼저 획득하지만, 5세경에는 한자 수 단어(일, 이, 삼) 획득이 고유 수 단어 획득을 능가한다. 그러나 수 단어의 이중적 체계는 동일한 크기의 수에 서로 다른 이름체계가 있음을 인식하고 이 둘을 연결할 수 있어야 하므로, '10의 노래'를 부르면서 유아들의 수 개념 발달에 도움을 줄 수 있다(나귀옥·김경희, 2012). 이와 같이 영유아기의 음악교육은 유아의 인지적 발달에 긍정적 영향을 미친다.

10의 노래

강신욱 작사
이수인 작곡

노래를 부르면서 인지 발달을 도울 수 있는 동요의 예

제2장

영유아 음악교육 능력의 발달

음악적 능력은 모든 인간이 태어날 때부터 가지고 있는 보편적인 능력이다(임혜정, 2004). 음악적 능력은 출생 후부터 9세경까지 집중적으로 발달하는데, 영유아기에 어느 정도의 풍부한 음악 환경에서 어떠한 음악적 경험을 하였느냐에 따라 개인의 음악적 능력이 달라질 수 있다. 영유아의 연령에 따른 음악적 능력을 구체적으로 살펴보면 다음과 같다.

1. 만 0~2세 영아의 음악 능력의 발달

1) 만 0세 영아

만 0세 영아는 처음에 소리의 감각적인 자극에 반응하고, 성인의 음성 등과 같은 특별한 소리에 반응하면서 점차 다양한 소리들을 구별하기 시작한다. 출생 후 영아는 소리가 나는 쪽으로 바로 고개를 돌릴 정도로 소리를 들을 수 있다. 4~5개월경까지는 대부분 누워서 생활하는 경우가 많으므로 누워서 생활하는 영아에게 모빌이나, 건드리기만 해도 소리가 나는 놀잇감, 딸랑이, 손목에 끼울 수 있는 방울 등을 제공해 주어 영아가 소리, 움직임, 색, 모양 등에 관심을 갖도록 한다. 6~9개월 경에는 눈과 손의 협응이 빠르게 증가하면서 사물이 만드는 소리를 즐기고, 거의 모든 사물을 손으로 두드리거나 발로 차거나 하여 소리를 내려고 한다. 예를 들면, 딸랑이를 손에 쥐여 주면 흔들어 소리를 내려고 한다. 10개월경에는 음악적인 선호를 표현하기 시작하고, 주변에서 들리는 소리를 흉내 내며, 그 소리를 듣고 다시 자신의 목소리로 따라 하거나 몸으로 반응한다. 사물들이 내는 소리들을 실험하며 소리를 만들어내는 등 적극적으로 소리 만들기 및 듣기를 시도한다. 그러므로 교실에서 영아가 다양한 음악적 표현을 할 수 있도록 두드리거나 흔드는 악기류(예: 손목 방울, 허리 방울, 머리띠 방울, 작은북, 마라카스 등)와 카세트테이프, 리본 등을 제공해 주어야 한다.

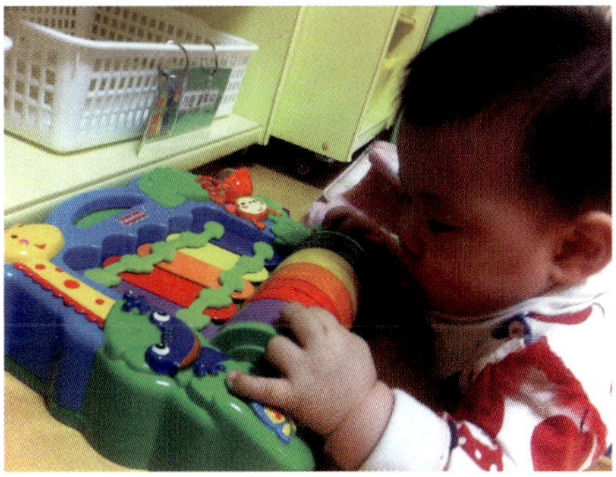

6개월된 영아가 엎드려서 누르면 멜로디가 나오는 놀잇감을 가지고 놀고 있다.	9개월된 영아가 북을 두들기며 놀이하고 있다.

2) 만 1세 영아

만 1세 영아는 말을 이해할 수 있게 되고, 한두 단어를 사용하기 시작하는데, 음악적인 발달 측면에서는 간단한 리듬악기를 다룰 수 있다. 예를 들면, 마라카스를 흔들며 간단한 노래에 반응을 하기도 하고, 리듬에 잘 맞지 않는 경우가 많다. 하지만 단순한 멜로디 익기나 목소리를 사용하여 음높이가 있는 가락을 만들기도 한다.

만 1세 영아는 자신이 듣는 음악에 맞추어 아직 서투르지만 리듬감 있게 몸동작을 시도하며, 가끔 음악을 들으면서 춤을 추기도 한다. 교사는 영아의 움직임에 대하여 리듬이 반복되는 말로 표현해 주고, 영아의 반응에 대하여 격려해 주고, 사용하기에 쉽고 안전한 작은북, 리듬악기나 물건(예: 냄비 뚜껑, 페트병)들을 자유롭게 두드리며 소리나 리듬을 탐색하도록 기회를 제공해 준다. 또한 18개월경 영아들은 처음으로 2도, 단 3도, 완전 4도 등과 같이 다양하고 좁은 간격의 정확한 음정을 구사하기 시작하여 익숙하게 들었던 노래의 특징적인 부분을 흥얼거리기도 한다.

만 1세 영아들이 작은북을 두드리면서 놀이하고 있다.

만 1세반 영아들이 교사와 함께 여러 가지 악기들을 탐색하며 놀이하고 있다.

3) 만 2세 영아

만 2세 영아는 음악 소리를 적극적으로 탐색하고, 노랫소리를 가다듬어 완성도 높은 노래의 선율에 근접하여, 놀이하면서 흥얼거리거나 노래를 부르기도 한다. 노래를 완전하게 부르지는 못하지만, 노래 듣기를 즐기고 가족을 위해 노래를 자발적으로 부르려 한다. 이 시기에는 주위에서 들었던 노래의 부분들을 모방하기 시작하며, 노래 부르는 것을 좋아하고 노래 선율의 한두 개 정도의 악구를 다시 부를 수 있다. 또한 단 3도 하강하는 선율 유형을 즐겨 사용하고, 음의 높낮이뿐만 아니라 음의 낮은 부분과 높은 부분을 분간할 수 있게 된다. 그러나 아직 정확하게 노래를 부르지는 못한다.

또한 만 2세 영아는 주변 세계에 있는 사물이나 사건에 관해서 상징적 사고를 형성하기 시작한다. 영아가 북을 두드린 경험이 있었다면 그 영아는 베개나 상자를 이용해 북을 치는 흉내를 낼 수 있게 된다. 역할놀이나 상상놀이, 그리고 다른 놀이를 통해 그 경험을 표현할 수도 있다(Greata, 2006). 만 2세 영아는 박자에 따라 악기를 다루려 하며 악기에 관심을 갖게 되는데, 주변의 물건이나 단순한 리듬악기(예: 안전한 탬버린, 작은북 등)를 이용하여 다양한 소리를 탐색하고, 악기를 다루며 음악적 소리를 듣는 것을 즐길 수 있게 된다. 뿐만 아니라 음악의 박자에 맞추어 손뼉을 치거나, 자유롭게 춤을 추기도 하므로 신체로 표현하기에 적당한 노래들을 불러 주거나 들려줄 필요가 있다.

영아가 리듬악기를 자유롭게 탐색하고 노래나 간단한 리듬에 맞추어 영아 나름대로 연주해 볼 수 있다.

혼자 혹은 교사와 함께 했던 신체표현을 토대로 또래와 어울려 춤추기 활동을 할 수 있다.

출처: 보건복지부 · 육아정책연구소(2013).

2. 만 3~5세 유아의 음악 능력의 발달

1) 만 3세 유아

만 3세 유아는 어느 정도 자기 목소리를 통제하기 시작하여 간단한 노래들을 부를 수 있게 되지만, 아직 정확하게 노래를 부르지는 못한다. 간단한 노래를 정확히 부를 수 있게 되고, 노래의 노랫말을 읊조리게 된다. 만 3세 유아는 2, 3줄 정도의 짧은 노래를 만들 수 있는데, 자신이 자발적으로 만든 노래에 간단한 동작을 넣어 부를 수 있다. 이 시기의 유아는 음악의 박자에 맞추어 움직일 수 있는 능력이 향상되고, 간단한 리듬 패턴에 맞추어 손뼉을 칠 수 있게 된다. 또한 간단한 노래 게임의 규칙과 동작들을 따를 수 있게 된다. 자신의 목소리나 악기를 사용해서 자신의 음악을 창조해내는 데 아주 강한 흥미를 보이기도 한다. 또 몸동작을 통해서 크다, 작다, 빠르다, 느리다 등의 음악적 요소들을 개념화하기 시작한다(Greata, 2006). 이 시기에는 작은 악절로 된 노래를 부를 수 있고, 음역이 2~3도인 것은 쉽게 부르며 점차 음역대를 넓혀 간다.

만 3세 유아들은 실제 악기에 대한 흥미를 보이며 실로폰이나 탬버린, 마라카스 등의 악기의 소리를 듣는 것을 즐긴다.

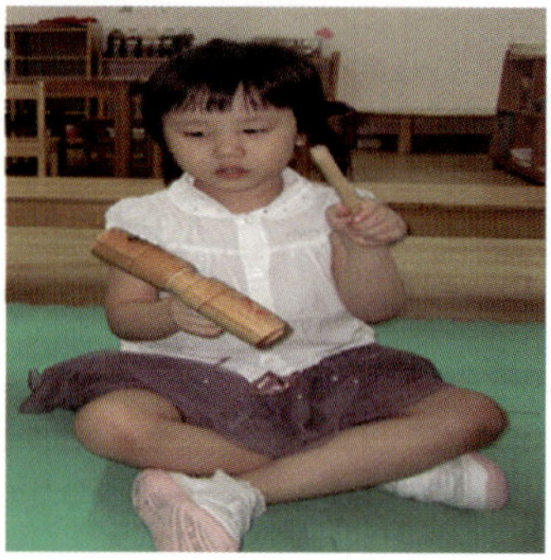

간단한 리듬악기를 이용하여 시계소리를 만들어 소리를 탐색한다.

'작은집 창가에서' 노래에 맞춰 손뼉을 치며 간단한 리듬(예: 짝짝, 짝짝짝짝)을 만들어 본다.

출처: 보건복지부(2014).

2) 만 4세 유아

만 4세 유아는 음악적인 표현이 더 정확해지고, 자발적으로 음악이나 노래를 만들어 부르며, 악기를 가지고 연주할 수도 있게 된다. 밝고 경쾌한 소리로 노래를 부르는 것에서 점차 활발하게 운동장에서 소리를 지르듯이 노래를 부르기도 한다. 자발적인 노래 부르기에서 나타나는 음높이의 간격은 거의 2옥타브에 이르지만, 정확하게 음정에 맞게 노래 부를 때 음은 레에서 라까지의 5음 높이까지만 확장된다. 또한 4세가 되면 단 3도에 대한 인식이 두드러지게 나타난다. 이 시기 유아들은 자신과 익숙한 것에 대한 노래를 좋아하며 음높이와 셈여림에 대한 개념을 이해하기 시작한다(김소향·안경숙, 2009).

다양한 악기(예: 리듬 악기, 폐품으로 만든 악기 등)의 소리 내는 방법을 탐색해 보고 친숙한 노래에 맞춰 즐겁게 연주해 본다.

'작은집 창가에서' 노래를 불러 보고 후렴구 '랄라라' 부분을 다양한 리듬으로(예: 라-라라, 라--라, 랄랄랄라 등) 바꾸어 본다.

출처: 보건복지부(2014).

3) 만 5세 유아

만 5세 유아는 리듬과 가락을 정확히 지키면서 노래를 부르게 되고, 음정과 음역도 더 넓어지게 된다. 자신이 좋아하는 노래를 갖게 되고, 노래를 안정감 있으면서 음정에 맞게 부를 수 있게 된다. 또한 음색이나 노래 가사에 상관없이 음높이와 리듬에 의해 멜로디를 식별하는 능력을 갖추기 시작한다. 집단과 함께 노래 부르고 움직이기를 즐기며, 부르고 반응하기(call-and-response)와 같은 스타일의 노래를 즐긴다(안경숙 외, 2006). 만 5세 이후부터는 노래 가사 중심의 표현 활동이 다양화되면서 변주를 곁들인 연주에 맞춰 높이 뛰기, 크게 뛰기 등의 신체 표현으로 동시 연결되기도 한다. 이때부터는 본격적으로 감상을 즐기게 된다(김영연, 1996). 즉 모든 종류의 음악에 노출될 수 있는 적절한 시기로서 다양한 음악을 감상할 수 있게 된다. 특히 만 5세 유아들은 리듬과 선율을 정확히 지키며 노래를 부르게 되고, 음정과 음역도 더 넓어지게 된다. 자신이 좋아하는 노래를 갖게 되고, 안정감 있으면서 음정에 맞게 노래를 부를 수 있게 된다. 또한 음색이나 노래 가사에 상관없이 리듬과 선율을 정확히 식별하여 노래를 잘 부를 수 있다.

4~5세경의 유아는 다양한 소리의 질에 기초하여 악기를 피아노 소리와 실로폰 소리 등의 유형에 따라 범주화할 수 있으며, 악기를 연주하는 기술 등으로도 범주화할 수 있게 된다(안경숙 외, 2006). 그리고 모든 소리를 구별 없이 흡수하고 받아들이며, 여러 번의 경험을 통해 바이올린, 클라리넷, 첼로, 플루트, 비올라의 음색을 구별할 수 있다. 박자에 관해서는 느린 박보다는 빠른 박의 기본 박을 더 쉽게 따라가는 경향이 있다.

다양한 악기(예: 리듬 악기, 폐품으로 만든 악기 등)의 소리 내는 방법을 탐색해 보고 음악적 요소(예: 속도, 리듬, 강약 등)에 변화를 주며 즐겁게 연주하는 모습

유아가 북과 실로폰을 연주하고 있는 모습과 폐품으로 마라카스를 만들어 연주하고 있는 모습

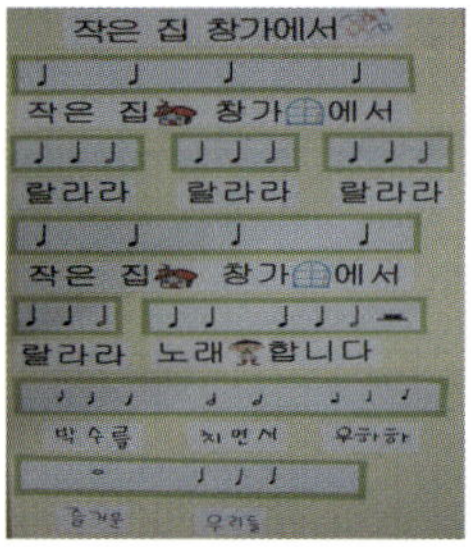

'작은집 창가에서' 노래를 불러 보고 노래의 뒷부분에 연결되는 가사와 리듬을 창의적으로 만들어 본 악보

출처 : 보건복지부(2014).

제3장

영유아 음악교육의 이론적 기초

1. 영유아 음악의 기본요소

음악은 예술 분야의 하나로, 음악의 요소를 통해 생각과 느낌을 전달하는 청각 예술(auditory art)이다. 음악은 인간의 풍부한 감정과 아름다움을 극대화시켜 음악적 감수성과 심미감을 발달시키게 한다. 음악을 구성하는 기본요소는 리듬, 선율, 화음, 셈여림, 빠르기, 형식, 음색으로, 이 중에서 음악의 3요소는 리듬, 선율, 화성이다. 음악적 요소는 교사가 영유아 음악교육을 위해 기본적으로 알고 있어야 하는 내용으로서, 음악을 구성하는 요소에는 각각에 해당하는 음악적 개념이 포함되어 있다. 음악의 요소별로 영유아 음악교육에서 경험되어야 할 음악적 개념을 구체적으로 제시하면 다음과 같다.

| 표 1 | 음악의 기본 요소

♪	♪	♪	♪	♪	♪	♪
리듬	선율	화음	셈여림	빠르기	형식	음색

1) 리듬(rhythm)

리듬은 모든 음악의 기본이 되는 요소로, 일정한 박자나 규칙에 의한 음의 장단, 강약 따위의 흐름이다. 모든 음악의 기본이 되는 요소로, 길고 짧은 음과 침묵의 시간적 결합에 의한 진행 질서를 말한다. 음악에는 여러 가지 리듬이 사용되는데, 리듬 패턴이라고 볼 수 있는 박자가 대표적인 음악적 개념이라고 할 수 있다.

시계가 똑딱거리는 것처럼 규칙적인 일정한 수의 박이 모여 박자가 되는데, 센박과 여린박이 규칙적으로 되풀이되면서 형성되는 리듬의 기본적 단위를 박자라고 하며, 이는 리듬 활동의 기초가 된다. 리듬을 구성하는 세부요소는 다음 〈표 2〉와 같다.

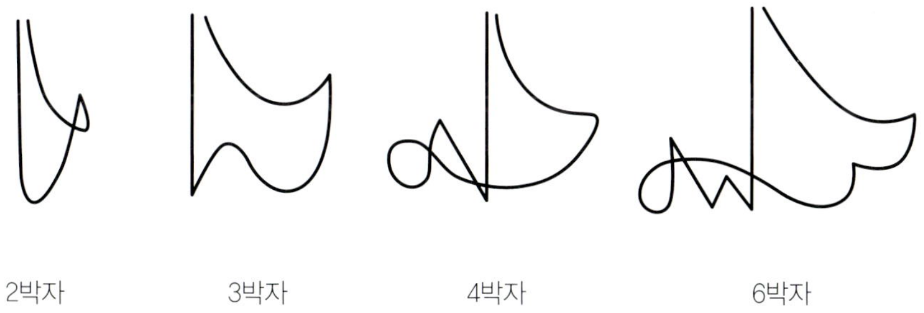

| 그림 1 | 박에 따른 지휘 도형

| 표 2 | 리듬을 구성하는 세부요소

리듬 세부요소	종류	관련 설명
박	센박, 여린박, 규칙 박, 불규칙 박, 엇 박	센박과 여린박이 규칙적으로 이루어진 소리도 있고 불규칙적으로 이루어진 소리도 있다.
강세	규칙 강세, 불규칙 강세, 강세의 이동	박에 강세가 일정하게 붙으면 박자를 이루다
박자	홑박자(2박자, 3박자, 4박자) 겹박자(6박자, 9박자, 12박자) 혼합박자(5박자, 7박자)	센박과 여린박이 번갈아가면서 규칙적으로 진행되는 소리이다.
음길이	긴 소리, 짧은 소리 음표, 쉼표	상대적으로 긴 소리와 짧은 소리들이 모여 리듬을 이룬다.
리듬패턴	리듬의 단위 조직 규칙 패턴, 불규칙 패턴	한 단위의 리듬 조직을 말하는 것으로 리듬은 규칙적으로, 또는 불규칙적으로 조직되기도 한다.

출처: 김선정(2018).

영유아의 리듬별 발달적 기능을 보면 다음과 같다.

|표 3| 연령별 리듬 발달

연령	발달적 기능
만 1세 미만	• 리듬감 있게 흔들기, 좌우로 흔들기, 껑충껑충 뛰기 등
만 1~2세	• 춤추듯이 리듬감 있게 움직인다.
만 2세	• 규칙적인 박자와 리듬 패턴을가지고 자발적으로 부른다.
만 3세	• 박자감과 규칙적으로 되풀이 되는 리듬 패턴으로 노래를 자발적으로 부른다. • 짧은 리듬 패턴을 모방한다.
만 4~5세	• 정해진 박에 맞추어 두드릴 수 있다. • 짧은 리듬 패턴을 악기로 연주할 수 있다. • 리드미컬하게 손뼉을 치고 두드릴 수 있다.

박자는 한 마디 안의 박의 강세패턴에 따라 강·약의 반복인 2박자계나 강·약·약의 반복으로 된 3박자계, 강·약·중강·약의 반복인 4박자계가 있다. 박자의 종류를 나타내는 기호를 박자표라고 하는데, 곡의 맨 처음 음자리표와 조표 다음에 들어간다. 예를 들면, 3/4박자가 쓰여 있을 경우 4분음표가 단위 음표로 한 마디 안에 3개가 들어가서 3박을 이룬다는 것을 의미한다. 또한, 영유아들에게는 단순하고 반복적이며, 규칙적인 박자감이 잘 느껴지는 리듬이 좋다. 특히 2/4, 4/4 박자 곡은 다른 박자에 비해 리듬이 안정되고, 영유아의 걸음걸이와 유사하므로 영유아들이 더 편안해하고 좋아한다.

다음은 영유아가 리듬에 대한 개념을 경험할 수 있는 활동 유형의 예이다.

- 다양한 리듬의 곡을 감상해 보기(예: 베토벤의 '에그몬트 서곡': 두 개의 주제에 의한 다양한 리듬을 경험).

작은 별

윤석중 작사
모차르트 곡

4/2빅자 노래 익보

작은동물원

김성균 작사
김성균 작곡

4/4박자 노래 악보

- 계속 반복되는 부분의 소리를 찾아 들어보고, 찾았다면 불러 보기
- 리듬에 맞춰 북을 치거나, 마라카스 흔들며 노래 부르기
- '우리 모두 다같이~' 노래에 맞춰 손뼉을 치거나 발 굴러 보기
- 유아들은 한 줄로 서고, 교사가 맨 뒤에 있는 유아의 등에 두드려준 리듬패턴을 맨 앞에 있는 유아에게 전달하여 알아맞혀 보는 게임해 보기

2) 선율(melody)

선율은 음의 높낮이와 길이를 의미하는 것으로 리듬과 같이 음악을 구성하는 기본이 되는 요소로서 가락이라고도 한다. 선율은 음의 높고 낮음과 길고 짧음이 시간상으로 의미 있게 조직되어 서로 다른 음높이의 흐름을 나타내는 것을 의미한다. 유아를 위한 노래의 선율은 어린 연령을 대상으로 한 노래일수록 단순하고 반복적인 가락이 좋다. 또한 유아들이 부르는 노래는 반음계적인 가락보다 온음계적인 가락이 더 용이하다(Greenberg, 1979). 선율은 음악의 중요한 요소로 사실 음악을 듣는 사람으로 하여금 가장 호소력을 느끼게 하는 요소로 볼 수 있다.

다음은 영유아들과 함께 선율에 대한 개념을 경험할 수 있는 활동 유형의 예이다.

- 가사를 '아~아~아~' 또는, '음~음~음' 등의 소리로 바꾸어 노래 불러 보기
- 노래를 부르면서 선율(melody)의 흐름에 손가락으로 공중에서 선율을 그려 보기
- 음악에 맞춰 스카프나 리본을 움직여 보면서 선율(melody)의 변화를 경험해 보기
- 노래를 부르면서 도화지에 크레파스로 선율(melody)의 흐름을 그려 보기
- 노래를 가사 없이 선율만 듣고 노래 제목 알아맞히기

3) 화음(harmony)

화음은 높이가 다른 둘 이상의 음이 함께 울릴 때 어울려서 나는 소리를 의미한다. 선율(melody)과 함께 소리를 낼 때 더욱 더 조화를 이뤄 아름다운 소리를 만들 수 있다.

다음은 영유아가 화음에 대한 개념을 경험할 수 있는 활동 유형의 예이다.

- 여러 악기가 동시에 연주되는 기악곡 감상하기
- 양손으로 피아노의 다른 음을 동시에 쳐 보기
- 친구들과 핸드벨을 동시에 연주해 보기

| 표 4 | 기본화음의 구성

이름	기호	장조	단조
으뜸화음	Ⅰ	도 미 솔	라 도 미
버금딸림화음	Ⅳ	파 라 도	레 파 라
딸림화음	Ⅴ	솔 시 레	미 솔 시

4) 셈여림(dynamics)

셈여림은 악보 등에서 음의 세기와 변화를 세게, 또는 여리게 연주하는 것을 의미한다. 소리의 크고 작음의 정도는 음악적인 표현에 있어서 매우 중요한 역할을 한다. 특히 노래 부르기에서 다양한 셈여림의 표현은 노래의 분위기에 영향을 주며, 영유아가 즐겁게 노래를 부를 수 있도록 이끌어 줄 수 있다. 셈여림 기호의 종류는 다음 〈표 5〉와 같다.

| 표 5 | 셈여림 기호의 종류

<table>
<tr><th>기호</th><th>읽기</th><th>뜻</th></tr>
<tr><td>ff(fortissimo)</td><td>포르티시모</td><td>매우 세게</td></tr>
<tr><td>f(forte)</td><td>포르테</td><td>세게</td></tr>
<tr><td>mf(mezzo forte)</td><td>메조포르테</td><td>조금 세게</td></tr>
<tr><td>mp(mezzo piano)</td><td>메조피아노</td><td>조금 여리게</td></tr>
<tr><td>p(piano)</td><td>피아노</td><td>여리게</td></tr>
<tr><td>pp(piannissimo)</td><td>피아니시모</td><td>매우 여리게</td></tr>
<tr><td>crescendo(cresc.)</td><td>크레센도</td><td>점점 세게</td></tr>
<tr><td>decrescendo(decresc.)</td><td>데크레센도</td><td rowspan="2">점점 여리게</td></tr>
<tr><td>diminuendo(dim.)</td><td>디미누엔도</td></tr>
<tr><td>sf, fz, sfz(sforzando)</td><td>스포르찬도</td><td rowspan="2">그 음을 특히 세게</td></tr>
<tr><td>>, ∧, <(accent)</td><td>악센트</td></tr>
</table>

다음은 영유아들과 함께 셈여림에 대한 개념을 경험할 수 있는 활동 유형의 예이다.

- 큰북과 작은북의 연주소리를 비교하여 들어보기
- '달팽이 집을 지읍시다' 노래에서 '점점 크게~' 부분과 '점점 작게~' 부분을 불러 보기
- 좋아하는 동물의 소리를 '크게~' 또는 '작게~' 흉내 내 보기
- 천천히 달릴 때와 빠르게 달릴 때처럼 노래 불러 보기

5) 빠르기(tempo)

빠르기는 음악이 연주되는 느림과 빠름을 의미한다. 노래의 빠르기는 노래의 분위기에 영향을 주는데, 빠른 곡은 느린 곡에 비해 경쾌한 느낌을 준다. 영유아들은 느린 곡보다는 빠르고 경쾌한 곡에 더 잘 반응하며, 느린 곡의 노래를 부르는 것을 더 어려워하는 경향이 있다.

빠르기를 나타내는 기호의 종류는 다음 〈표 6〉과 같다.

| 표 6 | 속도를 나타내는 기호

기호	읽기	뜻
Presto	프레스토	아주 빠르게
Allegro	알레그로	빠르게
Allegretto	알레그레토	조금 빠르게
Moderato	모데라토	보통의 빠르기로
Andante	안단테	느리게
Adagio	아다지오	조금 느리게
Largo	라르고	아주 느리게

다음은 영유아들과 함께 빠르기에 대한 개념을 경험할 수 있는 활동 유형의 예이다.

- 빠르고 느린 곡 감상해 보기(예: 림스키코르사코프의 '왕벌의 비행' 과 생상스의 '백조')
- 표범처럼 빠르게 뛰어 보기
- 거북이처럼 느리게 기어 보기
- 토끼처럼 깡총깡총 뛰어 보기
- 빗속에서 걸을 때와 뛸 때 나는 소리 비교하기

6) 형식(form)

형식은 리듬, 선율, 음색, 셈여림 등의 요소들이 음악적으로 배열되고 조직되어 나타나는 음악적 형태이다. 형식은 작곡가의 음악적 아이디어에 따라 음악적 요소들이 반복하여 통일성을 강조하거나 대조와 변형을 강조하는 형태로 조직되고, 여러 가지로 변형되기도 한다.

음악적인 아이디어인 동기가 발전되어 선율적 의미를 가지게 되고, 악구를 형성한다. 악구는 다른 악구와 결합하여 완결된 하나의 의미로서 큰악절을 이루게 되는데 큰악절, 즉 한 도막은 보통 8마디 정도이며, 앞작은 악절과 뒤작은 악절로 나누어진다. 예를 들면, 유아의 노래는 일반적으로 큰악절 1개에서 3개의 형식을 취하며 너무 길지 않아야 한다.

악곡의 구성요소를 제시하면 다음 〈표 7〉과 같다.

| 표 7 | 악곡의 구성요소

마디	악곡의 구성요소 / 형식
2마디	동기
4마디	작은악절
8마디(4*4)	큰악절/한도막형식
12마디(4*4*4)	작은 세도막형식
16마디(8*8)	두도막형식
24마디(8*8*8)	세도막형식

7) 음색(tone color)

음색은 음의 높낮이가 같아도 사람이나 악기에 따라 달리 나타나는 소리의 특징으로 음의 빛깔이라고 부르기도 한다. 똑같은 말을 해도 소리가 달라 누구의 목소리인지 구별할 수 있는 것은 인간의 목소리가 사람마다 다른 음색을 가지고 있기 때문이다. 악기도 종류에 따라 각기 그 음색이 다르다. 영유아들은 악기의 소리를 듣고 그 음색을 구분할 수 있는 능력을 가지고 있으므로 유아기에 다양한 종류의 악기 소리를 들을 수 있는 기회를 제공해 줄 필요가 있다.

다음은 영유아들과 함께 음색에 대한 개념을 경험할 수 있는 활동 유형의 예이다.

- 친구들의 목소리를 귀로만 듣고 알아 맞혀 보기
- 여러가지 악기의 소리를 듣고 비교해 보기

■ 음악적 요소를 탐색하기 위한 활동의 예

활동예시 **내가 해 줄게**

목표	• 지구온난화를 막고 자연 환경을 보호하면서 발전을 이루는 녹색성장의 의미에 대해 관심을 갖는다. • 노래를 부르면서 규칙적으로 반복되는 4박의 리듬패턴을 경험한다.

가. 활동 자료

'내가 해 줄게' PPT 노래 자료, 리듬패턴 만들기 카드 자료와 곰 리듬카드, 피아노 혹은 멜로디 악기

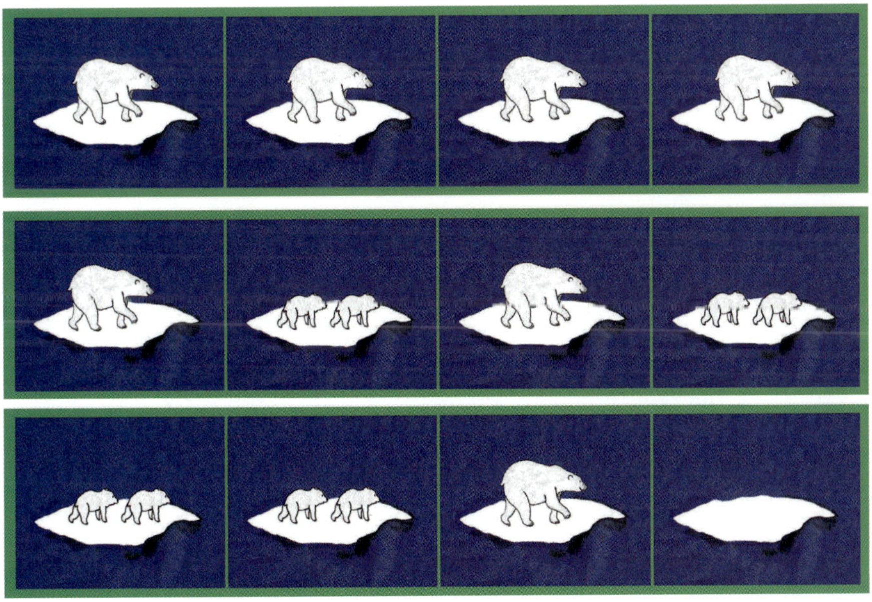

〈리듬패턴 만들기의 예〉

〈'내가 해 줄게' 노래 자료〉

나. 활동 방법

1) 리듬 패턴 카드 자료(얼음조각, 북극 곰 그림)를 보여 주며 박과 리듬을 소개한다.
   - 이 그림 카드에 무엇이 그려져 있니?
2) 박과 리듬이 다르게 그려진 카드 자료 2개를 붙여서 같은 점과 다른 점에 대해 찾아본다.
   - 이 두 개의 카드 그림을 잘 보자. 어떠니?
   - 같은 점은 무엇이니? 그럼 다른 점은 무엇이니?
     예 얼음의 크기가 1개이다, 얼음의 크기가 같다, 큰 곰이 1마리 있다. 작은 곰이 2마리 있다)
3) 그림 자료를 이용해 노래 속에서 여러 번 반복되는 리듬패턴(♪ ♪ ♪ ♪ ♩ 𝄽)을 만들고 그 패턴대로 표현하기를 해 본다.
   - 얼음 한 조각에 큰 곰 한 마리는 손뼉으로 어떻게 치기로 약속할까?
   - 그럼 얼음 한 조각에 작은 곰 두 마리는 손뼉으로 어떻게 치면 좋겠니?
   - (얼음 한 조각만 있는 그림 카드를 제시하며) 그런데 이 카드 좀 볼까? 어떠니? 이렇게 얼음 조각만 있고 곰 그림이 없으면 어떻게 해야 하지?
   - 이 그림 카드대로(반복되는 4박의 리듬 패턴 카드  를 제시하며) 손뼉을 쳐보자. 오늘 새로 배울 노래에는 이런 리듬이 여러 번 나온단다.
4) 새로 배울 노래를 PPT 자료(혹은 PPT 자료를 출력하여 만든 그림 자료)를 이용하여 1절만 먼저 들려준다.

5) 반주 없이 멜로디만 먼저 들어본다.

- 어떤 노래인지 다시 한번 멜로디만 들어보자.

6) 한 가지 소리로 같이 불러 보면서 멜로디를 익힌다.

- '랄랄라'로 같이 불러 보자.

7) 노랫말에 대해 이야기 나눈다.

- 북극곰과 나무늘보가 어떻게 하고 있니?
- 왜 이렇게 슬픈 눈으로 보고 있을까?
- 어린이가 무엇을 하고 있니?
- 어린이는 북극곰과 나무늘보에게 무엇을 걱정하지 말라고 하니?
- 왜 걱정을 안 해도 된다고 했을까?
- 그렇게 환경을 보호하면 우리 모두가 행복하게 잘 살 수 있다는 이야기구나.

8) 노랫말을 붙여서 불러 본다.

- 선생님이 먼저 처음부터 '걱정하지마'까지 부를게. 너희들은 어느 부분을 부르면 좋을까?
- 이번에는 부분을 바꾸어서 불러 보자.
- 노래를 처음부터 끝까지 같이 부르자.

9) 반복되는 리듬패턴(♪ ♪ ♪ ♪ ♩ 𝄽)을 손뼉치기로 표현하면서 노래를 불러 본다.
(2/4/6/8/10/12마디)

- 이번에는 노래를 처음부터 끝까지 같이 부르는데,
그림 카드와 같은 리듬()이 나올 때는 손뼉을 치면서 불러 보자.

10) 노래의 제목을 알아본다.

- 이 노래의 제목은 무엇일까?

다. 활동의 유의점

1) 유아들과 리듬패턴 카드 만들기를 할 때, 4박을 의미하는 네 칸의 밑판()을 사용하는 것이 좋다('리듬'의 음악적 개념은 '박'의 개념과 함께 경험하는 것이 정확하다).

라. 활동 평가

1) 지구온난화와 환경오염을 막기 위한 실천 방안에 대해 관심을 갖는지 평가한다.
   가) 환경 보호를 위해 실천할 수 있는 방법에 대해 관심을 갖는가?
2) 노래 속에서 규칙적으로 반복되는 4박의 리듬패턴(♪ ♪ ♪ ♪ ♩ 𝄽)을 표현하는지 평가한다.
   가) 규칙적으로 반복되는(2/4/6/8/10/12마디) 4박의 리듬패턴(♪ ♪ ♪ ♪ ♩ 𝄽)을 손뼉 치기로 표현할 수 있는가?

마. 확장 활동

1) 음률 영역에서 준비된 리듬카드로 유아 스스로 4/4박자에 해당하는 다양한 리듬패턴을 직접 구성해 보고 손뼉 치는 활동을 함으로써 다양한 리듬 패턴을 경험하는 활동으로 진행할 수 있다.

내가 해 줄게

장은주 작사
장은주 작곡

활동자료 출처: 보건복지부(2013). 4세 누리과정에 기초한 어린이집 프로그램 교사용 지도서.

활동예시 **친구야 쉿!**

목표	• 노래를 통해 유치원/어린이집에서 친구들과 지낼 때 바른 행동을 이해한다. • 친구 간에 화가 날 때 감정조절이 필요함을 알고 실천한다. • 곡의 셈여림에 따라 노래 부른다.

가. 활동 자료

노래 '친구야, 쉿' 플래시, 악보 '친구야, 쉿', 음원 '친구야, 쉿', 상황그림(선생님이 유아들에게 이야기 들려주는 그림, 계단에서 한 칸씩 올라가는 그림, 화난 아이 그림, '친구야, 쉿!' 하는 아이 그림)

나. 활동 방법

1) '친구야 쉿!' 그림을 보며 유치원/어린이집에서 함께 지낼 때 친구에게 해주고 싶은 말이 무엇인지 이야기 나눈다.
   - 이 아이가 지금 무엇을 하고 있는 걸까?
   - 너희들도 친구들에게 '쉿! 잘 들어봐' 라며 말해 줄 것이 있니?
2) 노래 자료와 상황그림을 보며 노랫말을 알아본다.
   - 친구들에게 '쉿! 잘 들어봐'라며 들려주는 노래가 있어.
   - 어떤 노랫말인지 알아보자. 친구야 쉿! 잘 들어보자.
   - ('선생님이 유아들에게 이야기 들려주는 그림'을 보며) 무얼 하는 그림일까? 저기 들리는 이야기! 선생님이 이야기 들려주신대.
   - ('계단에서 한 칸씩 올라가는 그림'을 보며) 무얼 하는 그림일까? 계단을 올라갈 때는? 한 칸씩 한 칸씩 올라간단다.
   - ('화가 난 아이 그림'을 보며) 이 아이의 마음은 어떨까? 네가 화가 날 때는? 한 번 더 생각하고 말로 해결하자.

〈'친구야 쉿!' 하는 그림〉

〈선생님이 유아들에게 이야기 들려주는 그림〉

〈계단에서 한 칸씩 올라가는 그림〉

〈화난 아이 그림〉

3) 피아노 음에 맞춰 교사의 노래를 들어본다.
- 노래를 들으니 어떤 마음이 드니?
- 어떤 목소리로 부르는 게 이 노래와 어울릴까?

4) 피아노 소리에 맞춰 한 가지 소리를 넣어 부르며 음을 익힌다.
- 노랫말을 다 넣어 부르기 전에 한 가지 소리(아, 오, 우, 랄…)를 넣어서 불러 볼까? 또?

5) 노래 자료를 보며 노랫말을 넣어 부른다.
- 이젠 노랫말을 넣어서 불러 볼까? 천천히 불러 보자.

6) 곡의 셈여림에 따라 노래를 두세 번 부른다.
- 처음부터 끝까지 똑같은 목소리 크기로 부를까?
- '친구야 쉿!' 이 부분은 어떤 목소리로 부르는 게 어울리니? '잘 들어봐'는?
- 처음부터 다시 불러 보자.

7) 노래를 다 부른 후 활동에 대한 평가를 한다.

- '친구야 쉿!' 그냥 말로 들었을 때와 노래로 불렀을 때 어떻게 다를까?
- 이 노래를 불러 보니 유치원/어린이집에서 친구랑 지낼 때 ~지내면 좋겠네! 생각이 떠올랐니?

친구야 쉿!

양이슬 작사
양이슬 작곡

다. 활동의 유의점

1) 노랫말을 넣어 부를 때, 교사는 유아들에게 두 마디의 가사를 미리 불러 준다.
2) 교사가 선창할 때 셈여림에 유의하여 불러 주며, 유아들이 부를 때는 미리 '점점 크게'와 '점점 여리게' 손짓을 해 준다.

라. 활동 평가

1) 노래를 통해 유치원/어린이집에서 친구들과 지낼 때 바른 행동을 이해하는지 평가한다.
2) 친구 간에 화가 날 때 감정조절이 필요함을 알고 실천하는지 평가한다.
3) 곡의 셈여림에 따라 노래를 부르는지 평가한다.

마. 확장 활동

1) 친구에게 꼭 해주고 싶은 말이 무엇인지 노랫말을 추가적으로 지어 부를 수 있다.
2) 멜로디 없이 '친구야 쉿!' 말 리듬으로 부를 수 있다.

활동자료 출처: 보건복지부(2013). 4세 누리과정에 기초한 어린이집 프로그램 교사용 지도서.

2. 음악적 요소의 중요성과 상호작용 방법

음악적 요소는 영유아가 자연과 주변 환경에서 들리는 다양한 소리와 음악에 귀를 기울이고 반응하면서 소리와 음악의 아름다움을 구성하고 있는 음악적 요소를 느끼고, 그 특징을 자연스럽게 발견하고, 다양한 소리와 악기 등으로 표현해 볼 수 있다. 이러한 음악적 요소를 탐색하는 유아의 능력은 음악의 아름다움을 느끼고 즐기게 하는 동시에 이 아름다움을 소리와 악기 등으로 표현하고 감상할 수 있는 음악적 활동의 기초가 된다.

1) 지도 지침 및 유의점

- 교사는 영유아가 스스로 음악적 요소를 탐색할 수 있도록 충분한 시간과 기회를 제공하고, 이 때 음악적 요소에 대한 학습이 아닌 다양한 소리와 음악에 깃들어 있는 아름다움을 느끼고 찾는 것에 중점을 둔다.

  예 "(실외활동에서) 좋아하는 소리를 찾아보고 얘기해 볼까? 왜 듣기 좋은 소리라고 느끼니?"

- 교사는 영유아에게 다양한 장르의 음악을 제공함으로써 유아들이 쉽게 음악적 요소를 탐색할 수 있는 기회를 갖도록 한다.

  예 - "(아프리카 음악을 들려주고) 계속 반복되는 부분의 소리를 들을 수 있었니?
  - (반복되는 리듬을) 찾았다면, 어땠는지 한번 불러 볼까? 못 찾았다면 다시 듣고 찾아볼까?"

- 교사는 영유아와 상호작용할 때 다양한 느낌과 반응을 인정하고 존중하도록 한다.
- 영유아에게 다양한 소리에 관심을 가지고 음악적 요소를 탐색할 수 있는 기회를 풍부하게 제공하기 위해서는 음악적 요소에 대한 교사의 이해가 선행

되어야 한다.

- 교사는 영유아가 스스로 음악적 요소를 탐색할 수 있도록 충분한 시간과 기회를 제공하고, 이 때 음악적 요소에 대한 학습이 아닌 다양한 소리와 음악에 깃들어 있는 아름다움을 느끼고 찾는 것에 중점을 둔다.

  예 "(실외활동에서) 좋아하는 소리를 찾아보고 얘기해 볼까? 왜 듣기 좋은 소리라고 느끼니?"

- 교사는 영유아에게 다양한 장르의 음악을 제공함으로써 유아들이 쉽게 음악적 요소를 탐색할 수 있는 기회를 갖도록 한다.

  예 "(아프리카 음악을 들려주고) 계속 반복되는 부분의 소리를 들을 수 있었니? (반복되는 리듬을) 찾았다면, 어땠는지 한번 불러 볼까? 못 찾았다면 다시 듣고 찾아볼까?"

- 교사는 영유아와 상호작용할 때 다양한 느낌과 반응을 인정하고 존중하도록 한다.
- 영유아에게 다양한 소리에 관심을 가지고 음악적 요소를 탐색할 수 있는 기회를 풍부하게 제공하기 위해서는 음악적 요소에 대한 교사의 이해가 선행되어야 한다.

2) 연령별 음악적 요소 탐색 활동 예시

만 3세	만 4세	만 5세

빗소리 혹은 쇼팽의 빗방울 전주곡 등을 들어보고 그 경험을 이야기해 보며, 빠르기, 셈여림에 관심을 갖는 활동을 한다.	이성천의 가야금 독주곡 '토끼와 거북이'의 음악을 듣고 이야기나누기와 움직임을 통하여 빠르기, 셈여림의 차이를 확실히 구별해 본다.	생상의 '동물의 사육제' 중 '거북이'와 오펜바흐의 오페라 곡 중 '캉캉'을 차례로 들려주고 빠르기의 차이를 구별해 보고 악기로 그 빠르기를 탐색하여 본다.

출처: 보건복지부(2014).

2011학년도 공립 유치원 교사 임용후보자 선정경쟁시험 (2차) B형 3. 1)번 문제

3. 다음은 만 5세반 윤 교사가 유아들을 대상으로 전개한 활동이다.

활동 자료	'잠자리' 노랫말 자료, CD 자료, 소고 잠자- 리 꽁-꽁- 꼼자- 리 꽁-꽁- 이리와라 꽁-꽁- 저리가라 꽁-꽁- 잠자- 리 꽁-꽁- 꼼자- 리 꽁-꽁- 이리오면 살-고- 저리가면 죽는다 
(가) 활동 내용	윤 교사는 유아들에게 옛날에 잠자리를 잡으며 부르던 노래가 있음을 알려주고 전래 동요 '잠자리'를 들려주었다. 그리고 "반복되는 부분을 찾아보자.", ㉠ "긴 소리로 불러야 할 부분이 어디일까?", "어느 부분을 크고 세게 불러 보면 좋을까?", "이번에는 이 노래를 조금 빠르게 불러 보자." 등의 발문을 통하여 음악적 요소를 탐색하며 노래를 불러 보도록 하였다. 윤 교사는 "'꽁-꽁-' 부분만 손뼉을 치며 노래를 불러 보자."고 제안하였고, ㉡ 노랫말에 맞춰 즉흥적으로 소고를 연주할 수 있도록 유아들을 격려하였다. 그리고 나서 윤 교사는 잠자리를 잡으면서 왜 이런 노래를 불렀을지 생각해 보도록 하였고, ㉢ "너희들이라면 노랫말을 어떻게 바꾸어보고 싶니?"라고 발문하여 노랫말을 바꾸어 불러 보도록 하였다.
(나) 확장 활동	'잠자리 잡기' 노래극 하기

1) (가)는 음악적 요소 3가지를 탐색하기 위해 전개된 것이다. ㉠의 3가지 발문이 각각 어느 음악적 요소와 관련이 있는지를 논하시오.

• ______________________________

출처: 공립 유치원 교사 임용후보자 선정경쟁시험 일부 발췌(음악관련 문제)

답안 1)

(리듬) "긴 소리로 불러야 할 부분은 어디일까?"라는 발문은 소리의 길이를 인식하도록 하고 있으므로 음악적 요소 중 리듬의 요소와 관련된다.

(셈여림) "어느 부분을 크고 세게 불러 보면 좋을까?"의 발문은 소리의 강약과 관련된 내용이므로 음악적 요소 중 셈여림에 해당한다.

(빠르기) "이번에는 이 노래를 조금 빠르게 불러 보자."라는 발문은 소리의 '빠르기'를 변화시키는 것이다.

2013학년도 공립 유치원 교사 임용후보자 선정경쟁시험 B형 6. 1), 3)번 문제

6. 다음은 4세반 음악 활동계획안의 일부이다. 물음에 답하시오. [5점]

(가) 활동 자료	'반가운 친구야' 그림악보, 리듬막대, 사진 자료(손뼉치기, 무릎치기, 발구르기, 입으로 소리내기 장면) **반가운 친구야** 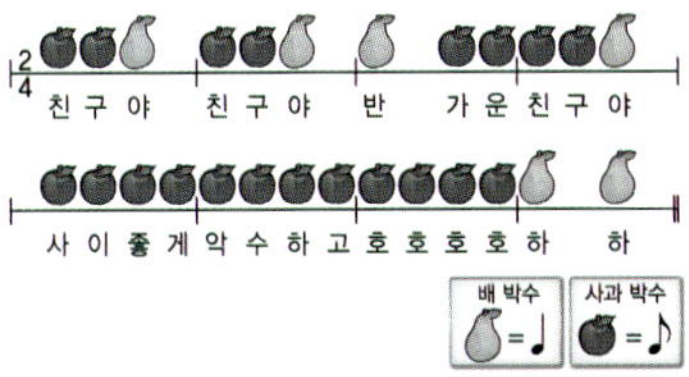
(나) 활동 방법	ㅇ ㉠ 몸(손, 발, 입, 손가락 등)으로 다양한 소리를 표현해 본다. ㅇ (배와 사과 그림카드를 제시하며) 교사가 배 박수(♩), 사과 박수(♪)를 시범 보인다. - 선생님처럼 ㉡ 크게(작게) 배 박수를 2번 쳐 본다. ㅇ 손 외에 발, 입, 손가락 등으로 다양한 음악적 요소를 표현해 본다. ㅇ 리듬막대를 이용하여 다양한 음악적 요소를 표현해 본다. ㅇ (그림악보를 제시하며) '반가운 친구야' 노래에 맞춰 리듬막대로 연주해 본다. - (빨강 모둠, 노랑 모둠으로 나누어) 빨강 모둠은 노래에 맞춰 연주하고, 노랑 모둠은 들어 본다. - 빨강 모둠과 노랑 모둠이 서로 바꾸어 연주하고 ㉢ 감상해 본다. ㅇ 활동을 해 본 느낌에 대해서 이야기 나눈다.

1) (가)의 그림악보에서, 한 마디를 기준으로 2회 이상 반복되는 리듬 패턴 2가지를 음표로 나타내시오. [2점]

• ____________________

• ____________________

3) (나)의 ㉡에 해당하는 음악적 요소 1가지를 쓰시오. [1점]

• 음악적 요소: ____________________

출처: 공립 유치원 교사 임용후보자 선정경쟁시험 일부 발췌(음악관련 문제)

답안 1) 리듬패턴 2가지 음표로 나타내기

• ① ♪♪♩ ② ♪♪♪♪

답안 3)

셈여림

2015학년도 공립 유치원 교사 임용후보자 선정경쟁시험 B형 6. 1)의 ②번 문제

6. (가)는 활동 계획안의 일부이고, (나)와 (다)는 교사 저널의 일부이다. 물음에 답하시오 [5점]

(가)

활동명	비 오는 날의 산책
활동 방법	ㅇ교실에서 비에 대해 이야기를 나눈다. -교실 창문에 맺힌 빗방울의 모양 관찰하기 ㅇ빗속을 걸으며, 여러 감각을 활용해 비를 탐색한다. - 빗소리의 강함과 약함 느껴 보기 - ㉠ 비가 손에 닿을 때의 촉감 느껴 보기 - 비에 젖은 나뭇잎의 색깔 관찰하기 - ㉡ 빗속에서 걸을 때와 뛸 때 나는 소리 비교하기 - 빗줄기의 방향과 모습 관찰하기 - 비 냄새 맡아보기

(나)

산책활동 후 이어서 비를 표현해 보는 활동을 전개하였다. 이번 표현 활동에서는 특히 창의성에 주안점을 두고 활동을 진행하였다. 그래서 ㉢ 유아들에게 종이를 나눠 주고 20분 동안 종이로 비를 표현하는 방법을 최대한 많이 생각해 보게 하였다. 유아들은 종이를 손으로 찢고, 구기고, 말고, 이어 붙이며 비를 다양하게 표현하였다. (2014년 ㅇ월 ㅇ일)

(다)

어제 활동과 연계하여 오늘은 비 오는 풍경을 그림으로 표현해 보는 활동을 하였다. 주연이는 빗속을 걸어가는 가족의 모습을 그렸는데, 유독 형만 종이 귀퉁이에 아주 작게 그렸다. ㉣ 지난 번 활동에서도 형을 생략하거나 까맣게 칠해 놓아 형과의 관계에 문제가 있지 않나 했다. 주연이는 계속해서 그림에 형에 대한 자기 내면의 억압된 감정을 무의식적으로 표출하는 것 같다. 주연이와 형의 관계에 대해 부모님과 상담이 필요하다는 생각이 들었다. (2014년 ㅇ월 ㅇ일)

1) (가)의 ㉡에 해당하는 음악적 요소 1가지를 쓰시오. [2점]

• 음악적 요소: ______________________

출처: 공립 유치원 교사 임용후보자 선정경쟁시험 일부 발췌(음악관련 문제)

답안 1)
빠르기

제4장

영유아 음악 교수법

많은 음악교육가는 영유아기 음악교육의 중요성을 강조하면서, 영유아는 음악적 존재로서 생득적으로 갖고 있는 음악적 능력이 있다고 밝히고 있다. 또한 음악적 능력은 음악적 경험과 음악교육의 질 및 환경에 따라 달라질 수 있음을 강조하고 있다. 이에 따라 대표적인 음악교육가인 고든, 오르프, 코다이, 달크로즈를 중심으로 음악교육에 대한 교수법과 주요내용을 살펴보면 다음과 같다.

1. 고든(Edwin Gordon, 1927~)의 음악 교수법

고든은 미국의 음악교육자로 음악적성에 맞는 연속적인 음악교육이론의 정립을 위해 교수, 연구자, 저자로서 왕성한 활동을 하고 있다. 고든은 음악을 이론적으로 가르치기보다는 음악과 소리를 직접 느끼고 이해하면서 음악과 경험적으로 관계를 맺는 능력을 향상시키고자 했다(정현주, 2005). 고든은 유아가 음악을 즐기고 이해할 수 있기 위해서는 반드시 음악을 오디에이션 할 수 있어야 그 능력만큼 음악을 즐길 수 있다고 하였다.

1) 고든의 음악교육 철학

① 음악을 배우는 과정은 말을 배우는 과정과 동일하게 체계적 단계적 학습이 중요하여, 아기가 어머니의 뱃속에서 대화와 리듬을 이미 익히고, 생후 8~9개월이 되면 모국어를 모방하기 시작하듯이 음악을 배우는 과정도 이와 같다고 본다.

② 음악을 배우는 데는 언어와 같이 시기가 매우 중요하다. 9살 이전에 음악소질이 개발되므로, 그 시기가 가장 중요하다고 강조한다. 실제로 고든의

음악학교에는 8개월부터 18개월까지의 영아를 위한 반이 개설되어 있다.

③ 음악을 어떻게 가르쳐야 하는가에 대해 고든은 리듬패턴과 음정패턴을 매우 중요시한다. 우리말을 듣고 이해하는 과정이 단어를 듣고 의미를 부여하며 다음 단어를 예상하고 판단하여 결정하듯이, 음악을 이해하기 위해서는 음정패턴과 리듬패턴의 습득이 가장 기본적으로 이루어져야 함을 강조하고 있다.

2) 고든의 음악교육 방법

오디에이션은 실제로 들리지 않는 음악을 마음속으로 듣고(상상으로) 이해하는 능력을 의미한다(Gordon, 1993). 고든은 자신의 음악지도법에서 오디에이션 능력의 개발을 목표로 두었다. 예를 들면, '나비야~' 노래를 상상해 볼 때, 대부분의 사람들은 그 노래를 마음속으로 그려 들어볼 수 있는데, 그것이 바로 오디에이션이다. 음악적 능력은 개인차가 있어서 어떤 사람은 음악을 들을 때 멜로디만 인식할 수 있는 반면, 어떤 사람은 2박자의 장조라는 것까지 떠올릴 수 있다. 이것은 개인마다 다른 오디에이션의 수준에 의한 것이라고 할 수 있다. 우리가 어떤 단어를 인식하고 기억하듯이 영유아들도 음악을 듣고, 악기로 즉흥연주를 하고, 음악을 다양한 방식으로 표현하는 경험들을 통하여 오디에이션의 수준을 높여 줄 필요가 있다.

- 교육방법: 음악학습의 계열화

고든은 음악학습을 기능과 내용으로 나누어 계열화하였다.

기능의 계열화	내용의 계열화
· 변별학습: 듣고 반응하는 내용 · 추론학습: 창작하거나 즉흥연주를 하는 내용	· 리듬내용: 박과 박자에 대한 내용 · 조성내용: 장조와 단조 등에 대한 내용

고든의 음악학습이론의 핵심내용은 변별학습과 추론학습 2가지로 분류되는 것이다.

| 표 8 | 고든의 기능학습위계

분류	설명	단계	설명
변별 학습	기계적(반복, 모방) 등으로 학습하는 단계	듣고, 반응하기	소리(음악 또는 패턴)을 듣고 신체적으로 반응하는 단계
		음절(언어) 연합	소리(음악 또는 패턴)와 음절(단어, 음고음절, 리듬음절 등의 중성음절 등)을 결합시키는 단계
		부분 종합	이전 단계에서 학습한 소리(음악, 또는 패턴)들을 종합적으로 인식하는 단계
		기호(상징) 연합	소리(음악 또는 패턴)와 음성(단어, 음고음절, 리듬음절 등의 중성음절 등)을 기보(기호, 악보)와 결합(연계, 연합)시키는 단계
		종합	기호(악보)로 제시된 소리(음악 또는 패턴)들을 내적으로 들을 수 있으며 물리적으로 들리는 소리들을 기호로 변환하는 단계
추론 학습	개념적(이해, 적용) 등으로 학습하는 단계	일반화	익숙하지 않은 음악에서 이미 학습한 요소들을 구별하는 단계
		창작/즉흥연주	익숙한 음악 요소들을 사용하여 새로운 음악을 창작하는 단계
		개념(이론적) 이해	음악의 원리나 개념을 소리와 연계하여 이해하는 단계

2. 오르프(Carl Orff, 1895~1982)의 음악 교수법

오르프는 독일의 작곡자이며 음악교육자로 '음악은 모든 어린이의 것'이라는 믿음을 가지고 있었다. 오르프는 음악교육의 궁극적인 목적을 유아의 창의성 개발에 두었고 음악 활동에는 즉흥연주, 즉흥표현이 포함되어야 한다고 보았다. 또한 음악은 기초적인 것이어야 한다고 하였는데, 기초음악이란 음악이 동작, 춤, 언어와 결합된 것을 말하며 활동적이며 쉽고 자연스러워서 영유아 음악교육에 적합한 음악을 뜻한다.

1) 오르프의 음악교육 철학

'음악교육은 기초적인 음악을 통해서'라는 철학을 가지고 있는 오르프는 영유아 음악교육을 위해서 다음과 같은 음악교육의 철학을 제시하였다.

① 음악은 모든 영유아를 위한 것이다.
② 음악은 즉흥적인 경험이어야 한다.
③ 음악적 경험은 영유아 때부터 시작해야 하며 놀이를 하듯 시작하여 점차 복잡한 과정을 거쳐 영유아의 연령 수준까지 이끌어 주어야 한다.
④ 음악적 경험은 적극적인 참여를 통하여 이루어진다.
⑤ 음악은 놀이, 대화, 노래, 신체동작, 악기 연주 등 통합적인 경험이어야 한다.
⑥ 음악은 신체활동이 밀접히 연결된 것으로 누구나 즐길 수 있는 것이어야 한다.
⑦ 리듬과 멜로디는 음악의 출발점이다.
⑧ 비음악적인 아동은 없다.

2) 오르프의 음악지도법

오르프의 교육 방법은 탐색과 경험을 강조한다. 이를 바탕으로 기초적인 요소들에 대한 분명한 체험을 하고, 점차 복잡하고 어려운 요소들을 경험하게 된다.

(1) 언어와 언어리듬

오르프는 말하기가 음악적 경험의 중요한 접근 방법이라고 생각하고 말의 형태에서 리듬의 형태로, 이것이 다시 노래로 발전한다고 믿었다(김명순·조경자, 1998). 말을 사용하는 게임을 통하여 셈여림, 스타카토, 프레이즈, 박자, 악센트, 레가토 등의 음악적 개념을 익히게 된다. 예를 들면 다음과 같다.

출처: 김선정(2018).

(2) 노래 부르기

짧고 간단한 찬트 등을 하며 손뼉 치기를 하고 말에서 나오는 자연스러운 음정을 문답식의 대화로 연결할 수 있다. 노래 부르기는 신체 타악기나 오르프 악기의 반주가 따른다.

(3) 율동이나 즉흥동작

율동은 영유아들이 음악에 맞춰 자연스러운 신체 표현하는 것을 의미한다. 율동은 노래와 악기 연주의 중요한 부분으로 첨가되며, 리듬학습에서 쉬운 리듬은 자연스럽게 모두 신체 표현으로 대신한다.

(4) 즉흥연주 및 표현

즉흥연주는 음악적 요소를 창의적으로 결합하여 즉흥적으로 표현하는 능력을 기르는 것이며, 오르프 악기는 창의성 개발을 위한 즉흥연주를 위해 쓰인다.

(5) 악기 연주

영유아들의 리듬교육을 위해 오르프는 특별한 악기를 창안했다. 이 악기들은 선율 타악기(소프라노 실로폰, 베이스실로폰, 글로켄슈필, 소프라노 메탈로폰)와 무선율 타악기(가죽타악기: 탬버린, 젬베, 미디팀파니 등, 금속 타악기: 트라이앵글, 심벌즈, 윈드차임벨 등, 나무타악기: 에그쉐이커, 우드블록 등) 그리고 리코더 등이다. 선율악기들의 특징은 연주 기능을 최소화하여 누구나 연주할 수 있도록 고안되어 있다.

| 표 9 | 오르프 악기들

선율타악기

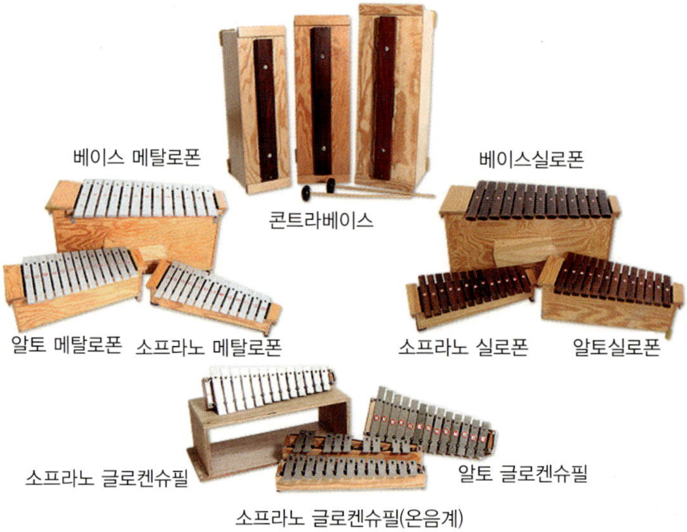

무선율타악기

1. 나무울림타악기 나무를 재료로 하여 만든 타악기로 맑고 경쾌한 음색이 특징

비브라슬랩 리첫 톤블럭 핸드쉐이커 잼블록

인형캐스터네츠 개구리 귀로 코끼리코 뮤지컬스푼 멀티톤블록

귀로 클레이브스 템플블록 손잡이 캐스터네츠 물고기 우드블록

쉐커레 톤블록&호랑이쉐이커 에그쉐이커 샌드블록 우든벨

2. 가죽울림타악기 가죽을 재료로 하여 만든 타악기로 봉고, 핸드드럼, 젬베, 작은북 등이 포함

롤리팝드럼 핸드드럼 투바노 젬베이

봉고&스탠드 오션드럼 콩가 사운드쉐잎

핸드쉐이커 패들드럼 베이비드럼 키드드럼

3. 금속울림타악기 금속을 재료로 하여 만든 타악기로 울림이 뛰어나고 높은 소리를 냅니다.

에너지차임 트라이앵글 아고 고벨 핑거심벌 카우벨

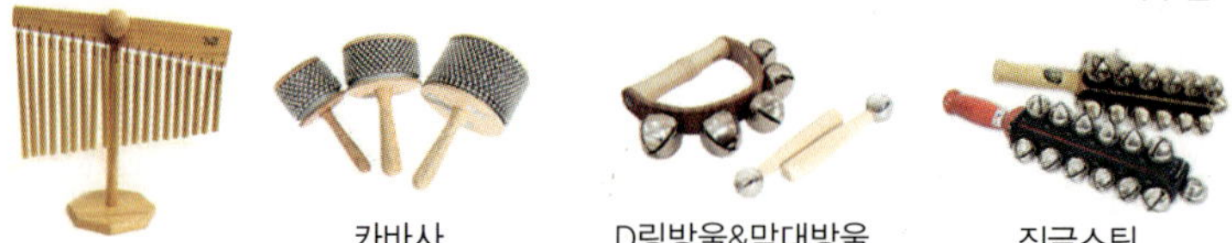

윈드차임 카바사 D링방울&막대방울 징글스틱

4. 큰 악기 결정적인 순간 청중을 압도하는 악기입니다.

콩가 심벌&스탠드 GONG 큰북

관악기

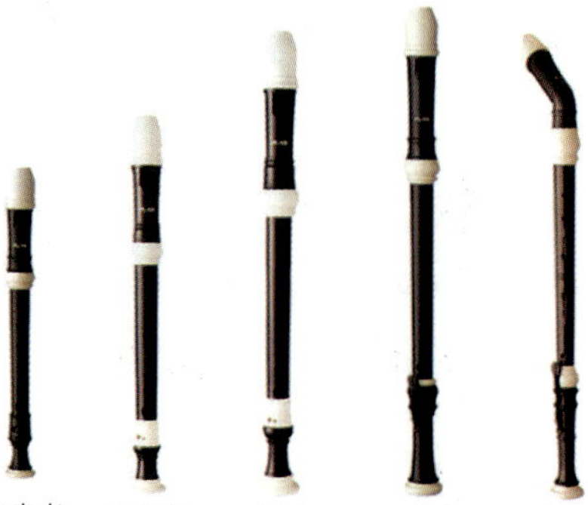

소프라니노 리코더 소프라노 리코더 알토 리코더 테너 리코더 베이스 리코더

현악기

출처: 한국 오르프 연구소

3. 코다이(Zoltan Kodaly, 1882~1967)의 음악 교수법

코다이는 헝가리의 작곡가이며, 민족음악가, 음악교육자로 헝가리의 민족음악을 연구하여 음악교육을 통해 헝가리 민족음악을 전 세계에 알렸다. 코다이는 헝가리의 민속음악을 기초로 하여 모든 사람들이 모국어를 습득하듯이 음악을 자연스럽게 배워야 한다고 주장하였고, 음악이 특별한 계층의 소유물이 아닌 '모든 인간의 것'이라고 강조하였다. 또한 음악은 모든 영유아들을 위한 것이며, 누구나 음악성 발달이 가능하고 음악교육은 어릴 때부터 시작되어야 한다고 하였다.

1) 코다이의 음악교육 철학

코다이 음악철학은 한마디로 “음악은 모든 사람의 것이다”라는 말에 압축이 된다. 즉, 음악이 모든 사람의 인격형성에 대단히 중요하며, 모든 어린이들이 음악적 훈련을 받아야 한다고 강조하고 있는데, 이와 같은 코다이의 교육철학은 페스탈로치(Pestalozzi, J. H)의 교육원리에 기초하고 있다. 코다이의 음악교육 철학을 구체적으로 제시하면 다음과 같다.

(1) 음악은 모든 어린이의 것이다

음악은 사람의 인격 형성에 대단히 중요하며, 모든 어린이들이 음악적 훈련을 받아야 한다.

(2) 노래부르기 중 돌림노래와 합창을 강조하였다

목소리는 모든 사람에게 주어진 가장 자연적인 악기로 자신을 가장 직접적이고 개성있게 표현하는 최선의 수단이 된다. 특히 노래부르기는 음악 능력을 향상시킬 수 있는 가장 중요한 학습형태로 맑은 소리와 정확한 발성이 중요하다.

(3) 음악교육은 어릴 때 시작해야 한다

음악적 능력은 조기교육이 좌우한다. 특히 유치원에 다니는 시기, 즉 3~7세까지의 기간은 음악교육에 있어 대단히 중요하다.

(4) 민요와 민족 예술 가곡을 통한 음악교육을 해야 한다

민요는 그 나라의 말로 가장 부르기 좋고, 모국어의 알맞은 억양과 국민적 요소를 담고 있는 음악이기 때문에 귀에 익숙하여 음악의 새로운 기초적 요소를 가르치고 보여 주는 데 알맞다. 민요는 세련되지 않은 원시음악이 아니라 성숙한 성악 예술이다.

(5) 음악교사의 질적 성장을 도모해야 한다

한 사람의 음악교사는 인간의 음악적 발달에 지대한 영향을 끼치게 된다. 따라서 바른 음악교사의 양성은 대단히 중요하다. 음악교사는 단순히 악기를 다루는 기능만을 배우는 것이 아니라 음악 이론, 작곡, 지휘 등 모든 음악적 능력을 다 갖추게끔 엄격한 교육을 받아야 한다.

2) 코다이의 음악지도법

코다이 교육에서 기본적인 음악교육의 내용은 노래 부르기이다. 코다이는 목소리야말로 음악에서 자신을 표현하는 가장 즉각적이며 개인적인 방법이라고 하여 교사가 노래 부르기를 지도할 때 교사의 육성으로 가르칠 것을 제안하였다.

(1) 이동도법과 계명창법

코다이는 계이름으로 노래 부르기를 매우 중요시하였다. 악보에 있는 소리를 마음으로 느끼고(내청: inner hearing), 눈으로 읽은 다음, 바른 음을 노래할 수 있어야만 아름다운 음악을 할 수 있다고 주장하였다. 악보를 읽는 방법은 고정도법과 이동도법 두 가지가 있다. 노래를 부를 때 고정도법보다는 이동도법이 더 수월하다고 보아 「도」 부를 때 도의 위치를 C(다장조), G(사장조), F(바장조)의 조성을 중심으로 이동도법에 의한 독보력을 기르게 하였다.

코다이는 이동도법으로 계명창을 부르도록 지도하였는데, 악보를 보고 듣고 이해하는 능력은 음악교육에 있어서 필수적이다. 계명창법은 처음부터 모든 음을 학습하는 것이 아니라 단계적인 순서에 따라 진행하는 것으로, 헝가리 동요에서 가장 친숙하게 많이 쓰이는 선율인 하행 단 3도의 '솔 – 미'를 가르치는 것으로 시작하였다.

〈계명창의 단계적 지도〉

- 솔 – 미
- 라 – 솔 – 미
- 미 – 레 – 도
- 솔 – 미 – 레 – 도
- 라 – 솔 – 미 – 레 - 도

(2) 손기호

코다이 손 기호는 음 높이를 시각적 높이나 모양을 통해 구체적으로 보여 주므로 음악을 잘 모르는 초보자들도 음을 확실히 알 수 있고, 이렇게 눈을 통해 지각된 감각으로 정확한 음을 소리 내게 함으로써 모든 음악 훈련에 두루 쓰일 수 있는 좋은 훈련 방법이다. 또한 그는 손 기호방법을 사용함으로써 계이름으로 부르는 능력과 내청 능력을 동시에 기르고자 하였다. 왜냐하면 손 기호방법은 손의 위치와 모양, 시간 안에서 음의 높이와 길이를 확실하게 볼 수 있으므로 공간 속에서 가락의 변화를 인식할 수 있으며, 손 신호를 보면서 실제 소리 없이도 소리를 떠올릴 수 있기 때문이다.

| 표 10 | 코다이의 손기호

계이름	모양	코다이 손기호	기능
도		주먹을 가볍게 쥐고 가슴 높이에서 옆으로 향하게 한다.	으뜸음
레	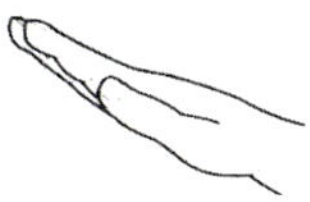	손바닥을 펴서 위로 비스듬히 향하게 한다.	으뜸음에서 위로 향하는 첫 음
미		'레'의 손 끝 높이에서 옆으로 평행이 되게 한다.	
파		주먹을 쥐고 엄지를 아래로 향하게 한다.	
피(파 #)		'파' 음과 같으나 엄지의 방향을 위로 향하게 한다.	'파'를 반음 올린 음
소(솔)	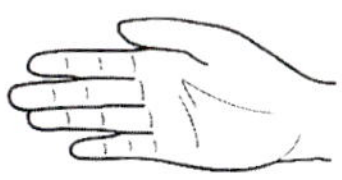	손등을 바깥쪽으로 향하게 하고손가락을 모두 붙인다.	딸림음
시(솔#)	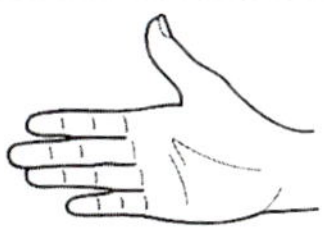	'솔' 음에서 엄지를 들어 올린다.	'솔'을 반음 올린음
라	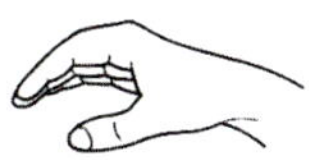	손목을 구부려 비스듬히 바깥쪽으로 해서 보이며 엄지를 안으로 향하게 한다.	
타(시♭)	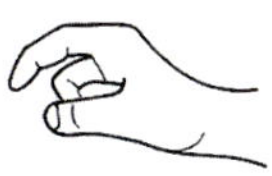	'시'와 같으나 검지를 구부려서 표시해 준다.	'시'를 반음 내린 음
티(시)	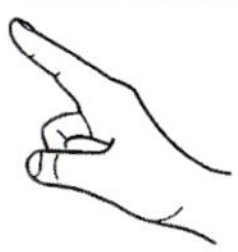	검지를 비스듬히 위로 향하게 한다.	언제나 올라가려는 성질의 이끎음

출처: 조홍기(2004). 코다이 음악교육. 서울: 세광음악출판사.

손기호의 효과를 제시하면 다음과 같다.

1. 공간상에서 음 높이와 계이름이 확실하게 나타난다.
2. 노래 부르는 음높이와 이름을 연결하여 음정에 대해 정확하게 인식할 수 있다.
3. 각 음을 통해 음높이를 구체적으로 구별할 수 있다.
4. 마음속으로 노래하고 음을 듣는 내청 훈련이 된다.
5. 피아노나 악기의 도움이 없이 음을 끌어낼 수 있다.
6. 어느 연령 집단이나 수준 집단에서 모두 사용할 수 있다.
7. 대뇌 기능(소리를 내는 기능)과 소뇌 기능(음을 지각하는 기능)이 동시에 작용하여 효과적인 시창 청음 연습이 된다.

(3) 리듬지도

코다이 교수법에서 리듬지도는 영유아가 실제로 박자와 리듬을 느낄 수 있도록 음표에 리듬기호를 표시하여 리듬읽기를 한다. 또한, 리듬을 보다 쉽게 읽고 쓸 수 있도록 음표 머리 없이 기둥만을 표시하는 리듬기호를 사용하는데, 영유아들에게 패턴의 관계나 리듬학습에 매우 효과적이다(Campbell & Scott-Kassner, 2002). 코다이의 리듬기호 표기와 읽기는 다음과 같다.

| 표 11 | 코다이 리듬읽기 표기와 읽기

기존음표(표기)	코다이 리듬기호(표기)	코다이 리듬기호(읽기)
		타(ta)
		티티(ti ti)
		타아(ta-a)
		티타티(ti ta ti)

3) 내청(Inner hearing)

내청은 발성한 음을 마음속으로 소리를 내고 듣는 방식으로, 초기에는 작은 악절별로 지도하는 것이 좋으며, 영유아가 '내청' 과정에 어려움을 느끼면 잘 아는 노래를 제시해 주고 리듬을 손뼉으로 치도록 지도한다.

(1) 손 기호를 이용한 노래 부르기

- 유아들이 배워서 이미 알고 있는 노래(전래동요)를 선정하여 노래를 부른다.
- 한 음절만 계이름으로 부른다.
- 한 음절의 계이름은 마음속으로 노래 부르면서 손 기호로만 표현한다.
- 위 활동이 익숙해지면 노래 부르며 손 기호도 함께한다.

(2) 신호에 맞춰 노래 부르기

- 배워서 이미 알고 있고 즐기는 노래를 부른다.
- 노래를 부르는 도중 교사가 신호를 하면(예: 손가락 튕기기) 마음속으로 부르다가 다시 한번 교사가 신호를 하면(예: 손가락 튕기기) 소리를 내서 노래를 부른다.

4. 달크로즈(Emile Jaques-Dalcroze, 1865~1950)의 음악 교수법

달크로즈는 스위스에서 태어난 작곡자 겸 지휘자로 피아니스트였으며, 20세기 초 독일과 오스트리아 등 여러 나라의 음악교육, 음악예술, 무용교육 등에 많은 영향을 주었다. 달크로즈는 음악교육이란 어려서부터 들은 익숙한 음의 집합을 적절한 신체표현을 통하여 훈련시킴으로써 청 감각을 발달시켜 미적 감각을 궁극적으로 정확한 연주로 이어 주는 과정이라고 하였다(김영연, 2002).

특히 달크로즈는 들을 수 있는 능력인 청음 능력을 중요시하였으며, 음악을 듣는 것에 익숙해지면 음악을 들은 후 신체표현과 연결하게 하였고, 이후 정확한 악기 연주로 연결되도록 지도하였다.

| 표 12 | 달크로즈의 음악교수법

구분	내용
유리드믹스	음악적 리듬을 몸동작으로 표현하는 독특한 리듬교육 방법
솔페이지	계이름으로 노래 부르는 활동
즉흥연주	모든 음악 행위가 통합된 상태(음악의 구성요소들을 활용하여 유아가 움직임, 말, 노래, 이야기, 다양한 악기를 사용해 새롭게 표현)

1) 달크로즈의 음악교육 철학

달크로즈는 영유아의 음악적 재능이란 선천적인 것으로 생각하였으며, 영유아 자신의 몸이 리듬의 중요한 요소인 박자감을 생리적으로 가지고 있음을 발견하여 음악적 근원을 '리듬'으로 보고, 이 리듬이라는 감각을 충분히 발전시켜 표현하는 교육을 해야 한다고 주장하였다.

① 음악은 지적이기 이전에 감각적이어야 한다.
② 음악적 생각이나 느낌은 신체의 모든 감각기관을 통해 표현되어야 한다.
③ 듣기 훈련이 모든 음악 학습에 있어 우선시되어야 한다.
④ 기본적으로 청음훈련과 리듬을 중시하며 음악적 느낌은 신체 움직임에 대한 민감성과 연관되어 있다고 생각한다.
⑤ 영유아 음악적 경험은 단계적으로 이루어져야 한다.

2) 달크로즈의 음악지도법

달크로즈의 주된 교육방법은 효율적 청음훈련을 위한 리듬 학습 방법인 유리드믹스와 악보를 읽고 즉각적으로 음을 떠올려 내청능력(inner hearing)을 발달시킬 수 있는 계명 부르기와 솔페이지, 신체, 말, 이야기, 노래 등으로 즉흥적으로 자유롭게 표현하는 즉흥연주가 있다.

(1) 유리드믹스(good+rhythm) = 리듬학습

유리드믹스는 '훌륭한 움직임'이라는 희랍어로, 음악적 리듬을 몸동작으로 표현하는 독특한 리듬교육 방법이다. 유리드믹스에서는 신체를 하나의 악기로 보고, 영유아들이 자신의 신체를 악기로 생각하여 신체동작을 통해 음악을 표현하고, 음악적 개념을 형성하도록 한다.

• 음의 속도(tempo)에 관한 이해

점점 빠르게 또는 느리게, 갑자기 또는 부드럽게 등으로 동물의 동작을 연상시키면서 그 모양을 모방하게 한다. 코끼리의 걸음은 크고 둔하게 걷는 모습으로, 다람쥐·참새 등이 움직이는 모습은 발걸음을 좁게 자주 움직이거나 발끝을 사용하여 귀엽고 빠르게 움직이는 모습으로 표현한다.

- 아주 느린 걸음 ········· Lento
- 느린 걸음 ········· Adagio
- 보통 걸음 ········· Andante
- 빠른 걸음 ········· Allegretto
- 달리기 ········· Allegro
- 빠르게 달리기 ········· Presto

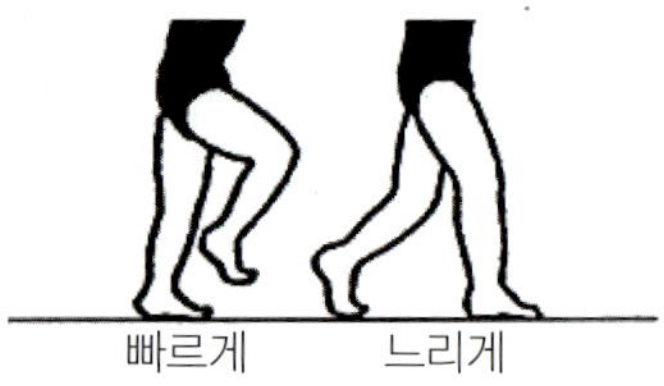

• 음의 강약(dynamics)에 관한 이해

유아들에게 셈여림을 흥미 있게 지도하려면 폭풍우가 험악하게 닥쳐오는 상황을 가정하고 그 과정을 표현해 보게 한다. 폭풍이 점점 세어지다가 절정에 이르면 피할 수 없는 천둥이 친다. 폭풍우가 사라져 가는 것은 점점 여리게(diminuendo)의 예시가 된다.

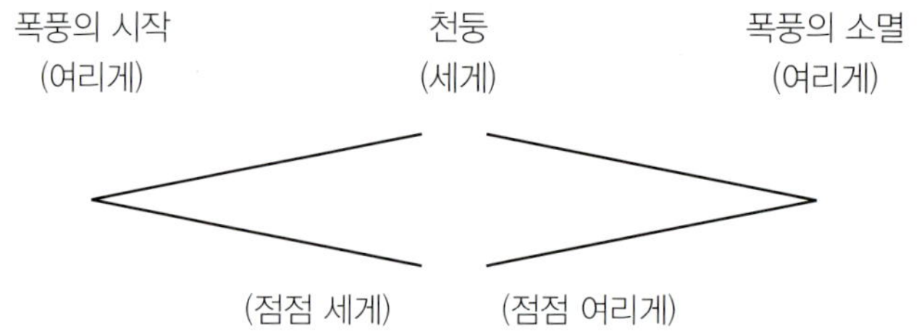

또 다른 방법은 유아들이 바닥에 누워 있다가 반주음악이 강해짐에 따라 천천히 일어나 무릎을 세우고 점차적으로 일어서는 동작을 한다. 유아들은 점점 세게 음악이 들리면 자발적으로 일어나서 움직임을 크게 하고 음악이 점점 여리게 몸을 낮추고 움직임도 작게 한다.

몸으로 음의 강약을 표현

• 음의 고저(pitch)에 대한 이해

높은 음은 서 있는 상태에서 키를 높이 세워 높은 동작을 하고, 낮은 음은 허리를 낮춘 동작을 한다. 음계가 상행할 때는 진진하고, 음계가 하행할 때는 후진한다. 음에 계명도 붙여 보고 리듬을 바꾸어 교사가 지시하는 음을 손으로 가리키게 함으로써 솔페이지의 연습도 겸할 수 있다.

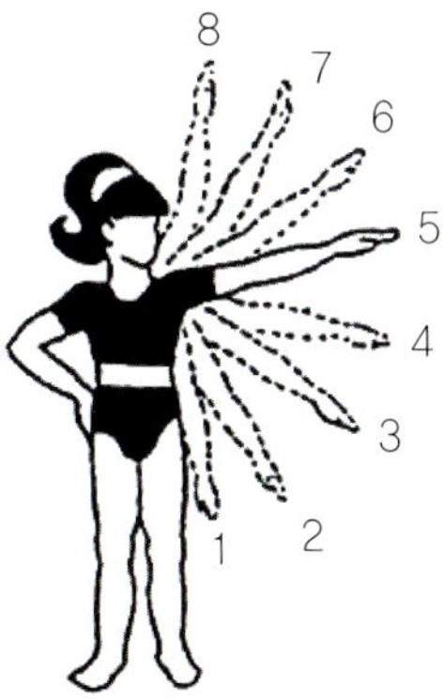

팔로 음의 높낮이를 표현

• 2-4 음표의 길이(duration)에 관한 이해

걸음으로 음표의 길이를 표현

예를 들면, 음표의 길이는 ♩(4분 음표)를 단위로 '곰 세 마리의 걸음걸이'라는 이야기의 리듬 운율에 맞춰, 아빠곰은 2분 음표로 천천히 걷는다. 엄마곰은 4분 음표로 걷는다. 아기곰은 8분 음표로 종종종 뛴다.

유아들은 걸음걸이로써 음표의 길이를 나타낼 수 있다. 즉, 4분음표는 정상적인 걸음걸이로, 8분음표는 달릴 때의 좁은 폭 걸음걸이로 다르게 할 수 있다.

출처: http://cafe.daum.net/hojungnuribodem

(2) 솔페이지: 계이름으로 노래 부르는 활동이다

악보 읽기 전단계로 음의 높낮이 순서를 몸의 높낮이와 연계해 기억하도록 계이름 부르기를 하고, 한 줄 보표에서 두 줄, 세 줄, 네 줄, 다섯 줄의 악보로 단계적으로 악보읽기를 배우도록 한다. 달크로즈는 고정도법, 즉 조성에 관계없이 C음을 항상 '도'로 읽는 방법에 의한 보고 부르기 방법을 권장하였는데, 도는 항상 C로 모든 음계가 이 C음에서 시작된다.

솔페이지의 궁극적인 목적은 듣는 능력(=내청능력)을 기르는 데 있다. 달크로즈는 내청능력을 향상시키는 솔페이지의 기능에 의해 "마음속으로 음악을 듣는 것은 청감각과 기억에 의존하기 때문에 계이름으로 부르는 것은 음악을 이해하는 조건과 자발성, 창의적인 상상력을 기르는 데 바탕이 되며, 악보를 읽고 즉시 음을 떠올릴 수 있는 능력을 키울 수 있는 길이 된다"라고 하였다(류미정,

2008).

(3) 즉흥연주

즉흥연주는 모든 음악 행위가 통합된 상태로 음악의 구성요소들을 활용해 유아가 움직임, 말, 노래, 이야기, 다양한 악기를 사용해 새롭게 표현을 하도록 하는 활동이다. 즉흥연주에는 피아노가 가장 많이 사용되는데, 피아노는 즉흥적으로 자신의 음악적 의도를 자유롭게 표현하기에 가장 쉽고 적절하다고 본다. 피아노에서 몇 개의 음을 이용해 즉석에서 어떤 형태를 표현함으로써 즉흥연주를 시작한다.

즉흥연주의 전제조건은 영유아들에게 최대한의 자유와 교사의 아낌없는 격려이다. 어떤 하나의 음악 요소만을 이용하거나 몇 가지의 정돈된 요소들을 동시에 사용하여 결합하거나 되는 대로 아무렇게나 결합하는 방식을 모두 허용한다. 반면 음악적 충동을 일으키기 위해 계속 발전적이고 창의적인 도전을 시도하도록 격려하여야 한다.

〈2002년 임용〉

01. 음악교육 심리학자 고든은 음악학습의 목표를 오디에이션(audiation: 물리적 울림이 없는 상태에서도 소리를 내적으로 조작할 수 있는 능력)의 형성에 두었다. 다음은 오디에이션 능력을 향상시키기 위한 고든의 음악 학습심리 이론 중 '기능학습 위계(skill-learning hierarchy)'를 설명한 표이다. 다음 표 가운데 빈칸을 채워 완성하시오.

분류	설명	단계	설명
1	기계적(반복, 모방) 등으로 학습하는 단계	2	소리(음악 또는 패턴)을 듣고 신체적으로 반응하는 단계
		음절(언어) 연합	소리(음악 또는 패턴)와 음절(단어, 음고음절, 리듬음절 등의 중성음절 등)을 결합시키는 단계
		부분 종합	이전 단계에서 학습한 소리(음악, 또는 패턴)들을 종합적으로 인식하는 단계
		기호(상징) 연합	소리(음악 또는 패턴)와 음성(단어, 음고음절, 리듬음절 등의 중성음절 등)을 기보(기호, 악보)와 결합(연계, 연합)시키는 단계
		3	기호(악보)로 제시된 소리(음악 또는 패턴)들을 내적으로 들을 수 있으며 물리적으로 들리는 소리들을 기호로 변환하는 단계
추론학습	개념적(이해, 적용) 등으로 학습하는 단계	일반화	익숙하지 않은 음악에서 이미 학습한 요소들을 구별하는 단계
		창작/즉흥연주	4
		개념(이론적) 이해	음악의 원리나 개념을 소리와 연계하여 이해하는 단계

〈답안〉

1. 변별학습
2. 듣고, 반응하기
3. 종합
4. 익숙한 음악 요소들을 사용하여 새로운 음악을 창작하는 단계

2013학년도 공립 유치원 교사 임용후보자 선정경쟁시험 6. 2)번 문제

6. 다음은 4세반 음악 활동계획안의 일부이다. 물음에 답하시오. [5점]

(나) 활동 방법	○ ㉠ 몸(손, 발, 입, 손가락 등)으로 다양한 소리를 표현해 본다. ○ (배와 사과 그림카드를 제시하며) 교사가 배 박수(♩), 사과 박수(♪)를 시범 보인다. - 선생님처럼 ㉡ 크게(작게) 배 박수를 2번 쳐 본다. ○ 손 외에 발, 입, 손가락 등으로 다양한 음악적 요소를 표현해 본다. ○ 리듬막대를 이용하여 다양한 음악적 요소를 표현해 본다. ○ (그림악보를 제시하며) '반가운 친구야' 노래에 맞춰 리듬막대로 연주해 본다. - (빨강 모둠, 노랑 모둠으로 나누어) 빨강 모둠은 노래에 맞춰 연주하고, 노랑 모둠은 들어 본다. - 빨강 모둠과 노랑 모둠이 서로 바꾸어 연주하고 ㉢ 감상해 본다. ○ 활동을 해 본 느낌에 대해서 이야기 나눈다.
(다) 확장 활동	○ ㉣ 교사가 말이 달리는 모습을 생각하며 피아노로 즉석에서 연주하고, 유아들은 그 음악에 따라 자유롭게 신체동작이나 리듬막대로 표현해 본다.

2) (나)와 (다)는 달크로즈(E. Jaques-Dalcroze)의 음악교수법에 기초한 것이다. ①에 들어갈 용어 1가지를 쓰시오. [1점]

음악교수법	사례
유리드믹스	사례 ㉠
솔페이지	(생략)
①	사례 ㉣

• ①: ____________________

〈답안〉

①: 즉흥연주

2014학년도 공립 유치원 교사 임용후보자 선정경쟁시험 B형 5. 1)번 문제

5. 다음은 전래동요의 지도방법에 대해 교사들이 나눈 대화의 일부이다. 물음에 답하시오. [5점]

최 교사: 전래동요는 음역이 넓지 않고 음계가 단순해서 고든(E. Gordon)의 이론을 적용해 볼 수 있을 것 같은데……. 유아들이 익숙한 전래동요를 ㉠ 노랫말이나 음 없이 노래를 상상하여 마음 속으로 불러 보는 것도 가능하지 않을까요?

윤 교사: 좋은 생각이네요. 저는 전래동요의 가사를 확장해서 동극의 형식으로 각색하고, 등장인물의 대사 일부를 노래로 표현하는 (㉡)을(를)시도해 보고 싶어요. 춤의 요소가 포함되는 뮤지컬이나 대부분 음악으로 이어지는 오페라에 비해 (㉡)을(를) 만들기는 쉽겠지만, 우리 반 아이들이 가능할지 모르겠어요.

민 교사: 그렇다면, 여러 가지 방법으로 전래동요를 익힌 다음, ㉢ 즉흥적으로 노랫말을 바꾸어서 불러 보는 활동을 해 보면 어떨까요? 아이들은 자신이 지은 노랫말로 노래 부르는 것을 좋아하잖아요.

권 교사: 저는 아이들이 손으로 무릎장단을 치면서 전래동요를 불러 보는 활동을 계획하고 있어요. ㉣ 휘모리보다는 느리지만 잦은 박으로 빠르게 치는 경쾌한 장단에 맞추어 활동하면, 유아들이 음악적 요소를 보다 쉽게 익힐 수 있을 것 같아요.

강 교사: 우리나라 악기를 탐색한 후에 악기를 연주하면서 전래동요를 불러 보는 활동도 흥미로울 것 같은데요. 사물놀이에 쓰이는 악기 중에 (㉤)을(를) 사용해 매 장단의 첫 박에 치면서 음의 지속이나 진동을 효과적으로 경험해 보면 어떨까요?

1) ㉠이 설명하고 있는 용어를 고든(E. Gordon)의 이론에 근거하여 1가지를 쓰고, ㉡에 들어갈 용어 1가지를 쓰시오. [2점]

- ㉠: ____________________
- ㉡: ____________________

답안
㉠: 오디에이션
㉡: 노래극

제5장

영유아 음악교육에 대한 이론

1. 구성주의 이론

구성주의(constructivism)는 영유아가 자신의 경험으로부터 의미 있는 지식을 능동적으로 구성하는 것을 의미한다. 구성주의는 영유아들의 탐색 활동이나 사고 활동의 의미는 무엇인지, 특히 환경과의 상호작용을 통해 어떻게 발달하는지에 대해 관심을 가지며, 주로 환경과 유아와의 상호작용에 관심을 갖는다. 이러한 구성주의이론은 피아제와 비고츠키에 의해 발전되었다.

피아제는 지적구조가 선천적으로 주어졌거나 혹은 반대로 환경에 의해서 전적으로 형성된다는 주장을 반박하고, 인간의 지식과 지능은 개인과 환경과의 상호작용에 의해 개인 내부에서 점차 구성된다고 주장하였다. 피아제의 관점에 따르면, 영유아 음악교육에서는 무엇보다도 영유아 스스로가 능동적으로 음악적 지식을 구성하는 존재라는 것을 강조한다. 영유아가 자신의 경험으로부터 자신에게 의미가 있는 과정의 결과로 음악적 태도나 기술, 개념이 자연스럽게 만들어질 수 있다는 것이다(Campbell & Scott-Kassner, 2002).

비고츠키는 발달을 사회 문화적 관점으로 설명하고 있다. 비고츠키는 개인이 기능하는 사회문화적 환경으로부터 개인을 분리하지 않는 독특한 접근으로서 사회화 과정과 개인의 내적 정신과정 간의 발생적 관계를 설명하였으며, 언어와 같은 매개의 역할에 크게 의존한다고 보았다. 특히, 비고츠키의 관점에 따르면 영유아에게 음악적 경험을 제공하기 위해서는 영유아들의 사전 음악적 경험과 지식을 미리 평가하여 현재적 발달 수준보다 더 나아가 잠재적 발달 수준에 도달할 수 있는 음악 활동을 제공해야 하며, 영유아들의 반응 형태를 발견하고 그것에 따라서 적절한 비계설정을 해 주어야 한다. 이와 같이 하려면 영유아들을 주의 깊게 관찰하고 그들의 음악 능력의 발달 수준을 알아내는 적절한 상호작용자의 역할 및 안내자의 역할이 매우 중요하다고 볼 수 있다.

이상에서 간단히 살펴본 바에 기초하여 구성주의적 접근이 영유아 음악교육에 주는 시사점은 다음과 같다.

구성주의적 접근에 기초한 영유아 음악교육은 교사가 지시적으로 음악에 대한 어떤 개념이나 지식을 전달하여 음악적 능력을 증진시키는 것이 아니라, 유아가 음악을 즐기고, 느끼고, 표현하는 과정에서 자연스럽게 음악적 소양이 길러질 수 있다는 것을 시사 받을 수 있다. 교사는 사회문화적 맥락 속에서 영유아가 음악에 대해 좀 더 호기심을 갖도록 흥미를 유발하고, 영유아의 사전경험과 흥미를 고려한 다양한 음악 활동을 제공하여 상호작용하는 역할을 수행할 필요가 있음을 알 수 있다.

2. 다중지능이론

다중지능이론(multiple intelligence theory)은 가드너가 인간의 지능을 실제 생활에서 직면하여 문제를 해결하는 능력, 새로운 문제에 대한 해결 방안을 생성하는 능력, 자신의 문화권 내에서 가치 있는 서비스를 제공하거나 무엇인가를 만들어내는 능력으로, 기존 IQ 차원의 지능에 대한 모순을 지적하면서 등장한 이론이다. 다중지능이론은 새로운 시대적 변화에 적합한 유아교육과정의 다양화에 대한 개념적이고 실천적인 아이디어를 제시해 주며, 영유아 음악교육에도 적절한 시사점을 제공해 주고 있다. 가드너는 인간에게 잠재된 9가지 지능영역(언어 지능, 논리-수학 지능, 공간 지능, 신체-운동 지능, 음악 지능, 대인관계 지능, 자기이해 지능, 자연 관찰 지능, 실존 지능)이 있음을 주장하였다. 이에 대한 내용과 다중지능 테스트 문항을 표로 제시하면 〈표 13〉과 같다.

| 표 13 | 가드너의 다중지능

유형	의미	예
언어 지능	• 단어의 의미와 소리에 대한 민감성 • 문장구성법의 숙련 • 언어사용에 대한 이해	시인, 교사, 정치연설가,
논리-수학 지능	• 사물과 상징, 그 작용 및 작용 간의 관계에 대한 이해 • 추상적 사고능력 • 문제를 인지할 수 있는 능력과 이유를 찾으려는 능력	수학자, 의사, 과학자,
공간 지능	• 시각적 세계를 정확하게 지각하는 능력 • 물리적 자극 없이 시각 경험을 재생할 수 있는 능력 • 균형 구성에 대한 민감성 • 유사한 양식을 감지하는 능력	예술가, 항해사, 기술자, 건축가, 외과의사
신체-운동 지능	• 표현 목적에 따라 자신의 신체를 숙련되게 사용하는 능력 • 사물을 능숙하게 다루는 능력	무용가, 공예인, 운동선수, 배우
음악 지능	• 개개의 음과 음절에 대한 민감한 능력 • 음과 음절을 더 큰 음악적 리듬이나 구조로 결합하는 방법에 대한 이해력 • 음악의 정서적 측면에 대한 이해 능력	음악가, 작곡가
대인 관계 지능	• 타인의 기분, 기질, 동기, 의도를 파악하고 구분짓는 능력 • 타인에 대한 지식에 따라 행동할 수 있는 잠재력	정치가, 사업가, 행정가, 종교인, 부모, 교사
자기 이해 지능	• 삶에 대한 자신만의 감정에 대한 접근 능력 • 행동을 주도하고 이해시키기 위해 감정을 유도하는 능력	소설가, 상담가
자연 관찰 지능	• 동식물이나 주변 사물을 자세히 관찰하여 차이점이나 공통점을 찾고 분석하는 능력	과학자
실존 지능	• 인간의 존재 이유, 생과 사의 문제, 희로애락, 인간의 본성 등 철학적이고 종교적인 사고를 할 수 있는 능력	철학자

출처: 김현호 · 김기철 · 정희정 · 최철용 · 최용득 · 현영렬(2015).

부록 참조.

다중지능이론에 의하면 인간에게 잠재된 9가지 지능영역 중 어떤 지능영역은 잘 발달되어 있고, 어떤 지능영역은 보통 수준이며, 그 외의 지능영역은 지체되어 있으나, 자신이 살고 있는 사회문화적 맥락 속에서 교육을 통해 각각의 지능영역을 적절한 수준까지 발달시킬 수 있다(Gardner, 1993). 이는 인간은 누구나 9가지 지능영역을 가지고 태어나며, 각 영역은 동등성과 독립성을 가지고 있어 한 영역에서 지능이 높다고 해서 다른 지능영역의 지능이 높을 것이라고 예언할 수 없으며, 어느 한두 가지 지능영역만이 중요한 것이 아니라 모두 동등하게 중요하다는 것이다. 또한 다중지능영역은 서로 분리되어 있는 것이 아니라 인간의 마음과 신체, 정신을 형성하는 독특한 조합으로 서로 통합된다.

다중지능영역 중 음악적 지능은 음높이, 음색, 리듬 등을 인식하고 구성할 수 있으며 또한 음악을 연주할 수 있는 능력으로, 가드너에 의하면 여러 지능영역 중에서 음악적 지능이 가장 먼저 발달한다고 한다. 그러나 모든 영유아들이 똑같은 음악적 지능을 가지고 태어나는 것은 아니며, 음악적 지능영역에서 강점을 가지고 있는 영유아와 약점을 가지고 있는 영유아, 중간 정도의 지능을 가지고 있는 영유아가 있다. 그러므로 각 영유아들의 음악적 지능을 정확히 평가하고 그에 적합한 음악적 경험과 교육을 제공한다면, 모든 영유아의 음악적 지능을 발달시킬 수 있을 것이라고 주장한다.

이상에서 간단히 살펴본 바에 기초하여 다중지능이론이 영유아 음악교육에 주는 시사점을 제시해 보면 다음과 같다.

첫째, 영유아의 음악적 지능을 정확히 평가하고 변별하여, 그 결과에 기초한 적절한 음악 활동을 제공함으로써 음악적 지능을 최대한 향상시킬 수 있도록 한다.

둘째, 소리 탐색과 소리 만들기, 노래 부르기, 악기 탐색 및 연주하기, 음악 감상하기, 음악 만들기, 음악극 하기와 같은 음악교육 내용영역이 서로 연결되어 이루어져야 하며 가정과의 연계도 중요하게 고려한다.

셋째, 영유아의 음악적 지능을 평가한 결과, 강점을 가지고 있는 경우는 음악적 능력을 더욱 증진시키기 위해 풍부한 음악적 경험을 제공해 주고, 음악을 활용하여 약점으로 평가된 다른 지능영역과 통합된 활동을 제공한다. 음악적 지능이 약점으로 평가된 영유아에게는 음악에 대한 동기 유발을 위해 더 많은 시간을 배려하고, 강점으로 평가된 다른 지능영역을 이용하여 음악과 자연스럽게 연계된 활동을 제공할 필요가 있다.

3. 뇌 기반 학습 이론

최근 신경과학의 급진적 진보로 인간의 학습에 대한 과학적인 접근이 가능하게 되어, 유아교육 분야에서도 뇌 기반 학습 원리를 유아교육현장에 적용하려는 움직임이 활발해지고 있다(안경숙 · 신애선, 2017). 이는 20세기 후반부터 시작된 뇌 과학에 대한 연구들이 21세기의 첨단 과학기술의 발달에 힘입어 PET와 fMRI 등과 같은 기계를 활용하게 됨으로써 영유아를 대상으로 한 최적의 교수-학습원리가 무엇인지를 과학적으로 밝혀진 덕분이라 하겠다(Sperling, Howard, Staley & DuBois, 2004). 그러므로 이제는 학습자 내부에서 진행되는 인지 도식을 중시하는 인지 이론적 관점에서 더 나아가 인간의 학습을 신경생리학적 차원에서 다양한 교육적 효과를 과학적으로 검증하여 교육적 효과를 모색하고 그 결과를 유아교육 분야에도 적용할 필요성이 높아졌다(Jensen, 2010). 특히 영유아기는 뇌 발달이 집중적으로 이루어지는 중요한 시기로 영유아의 학습에 대한 교수-학습 효과 증진을 위해 뇌 과학적 연구결과를 교육 영역에 적용하려는 뇌 기반 학습원리(Brain-based Learning Principles)를 적용하려는 연구들이 지속적으로 이루어지고 있다(안경숙 · 신애선, 2017).

인간의 학습은 뇌의 구조와 기능에 의해 이루어지는 과정으로, 가장 바람직한 학습은 지식을 구성하는 뇌의 역동적 체제를 고려한 뇌 기반 학습원리를 적용하였을 때 가능하다(Connell, 2008; Jensen, 2010). 그러므로 영유아를 위한 음악 활동을 적용하는 과정에서도 뇌 기반 학습원리를 고려해 볼 가치가 있다. 뇌 과학자들(Corbin, 2013; Jensen, 2000)이 제안한 뇌 기반 학습원리 중에서 음악의 학문적 특성과 영유아기의 음악적 능력의 발달 특성 등을 고려해 볼 때 적용할 필요가 있는 주요 원리는 뇌의 변화의 원리, 다양성의 원리, 상호작용의 원리, 결합성의 원리라고 할 수 있다. 이와 같은 뇌 기반 학습 원리를 영유아 음악교육과 관련지어 살펴보면 다음과 같다.

첫째, 변화의 원리는 영유아의 뇌는 환경적 조건에 의해 긍정적인 방향으로 얼마든지 변화될 수 있으므로, 뇌가 최대한 바람직한 방향으로 변화될 수 있도록 교사가 유아의 흥미와 동기유발을 고려한 환경을 제공해야 한다는 의미이다(정종진, 2015; Jeans, 2010). 즉 교사의 적극적인 동기유발을 통해 영유아가 음악 활동에 능동적으로 참여하게 하고 이를 통해 뇌가 바람직한 방향으로 변화되도록 함으로써 음악적 능력을 길러 주어야 한다(정종진, 2015; Cain, 1994; Connell, 2008; Jeans, 2010).

둘째, 다양성의 원리는 영유아들의 뇌 발달 양상이 각각 조금씩 차이가 있기 때문에 음악 활동을 제공할 때 활동 내용의 복잡성의 정도와 활동 시간의 양, 다양한 활동자료의 양 등을 고려하여 활동이 이루어지도록 해야 한다는 것을 말한다. 대부분의 영유아들은 다양한 학습양식 중 특별히 선호하거나 강점을 가진 학습양식을 가지고 있기에 영유아들이 선호하는 학습양식을 조사하여 이를 영유아음악 활동 계획 및 전개 과정에 반영할 필요가 있다(Corbin, 2013; Jensen, 2010). 그러므로 영유아의 다양한 학습양식과 리듬, 박자, 빠르기, 셈여림, 음고, 멜로디, 음색 등 음악교육의 내용 영역을 고려하여 균등하게 적용되어야 하겠다.

셋째, 상호작용의 원리는 영유아들이 적극적으로 상호작용을 하였을 때 뇌가 활발하게 반응하기 때문에 적극적 상호작용이 이루어져야 한다는 것이다. 사실 영유아기의 뇌는 그 어느 시기보다도 사회·정서적 측면에서 이루어지는 상호작용에 민감하게 영향을 받는다(Jensen, 2010). 그러므로 음악 활동을 영유아들에게 제공하는 데 있어 교사와 영유아 간, 영유아와 영유아 간, 영유아와 음악교육 자료 간 상호작용이 원활하게 이루어질 수 있도록 접근할 필요가 있다.

넷째, 결합성의 원리는 뇌에서 이루어지는 모든 과정은 서로 복합적으로 연계되고 상호 영향을 주고받는다는 것을 말한다(Lane & Nadel, 2000). 뇌는 통합된 기관으로 어떤 지식을 구성하기 위해서는 각각의 기관들이 밀접하고 신속하게 상호작용을 해야 한다. 예를 들어, 유아의 건강한 정서는 주의력을 높여 주며 의미를 창조하고 보다 나은 기억회로의 생성에 기여하여 그 결과 행동에 영향을 미치게 된다. 이처럼 유아의 학습 과정은 마음(mind)과 정신(mental), 정서(emotion), 신체(body)가 서로 연결되고 결합되었을 때 최적의 학습 효과가 나타나므로 영유아 음악교육도 최대한 이를 고려하여 이루어질 필요가 있음을 알 수 있다.

뇌 기반 학습 이론이 영유아 음악교육에 주는 시사점은 다음과 같다.

첫째, 영유아기가 음악적 능력에 있어서 민감한 시기이며, 이 시기 동안의 음악적 학습과 경험이 매우 중요하다는 것을 잘 보여 주고 있다. 특히, 시냅스 발달의 민감한 시기인 만 2세까지 영아기 동안 서로 다른 기능을 하는 뇌의 여러 부위가 균형 있게 발달하도록 어느 한쪽으로 편중된 음악교육보다는 오감을 통한 다양한 음악 활동과 경험을 제공하는 것이 좋다.

둘째, 음악교육이나 학습에 정서가 밀접히 관련되어 있으므로, 영유아가 음악과 관련된 새로운 내용을 학습할 때 이전에는 서로 연결되지 않았던 뉴런과 뉴런 사이에 시냅스가 형성되어야 하는데, 이때 시냅스가 형성되기 위해서는 음악교육이 스트레스 없이 영유아의 긍정적 정서를 불러일으켜야 한다. 그러므로 영유아를 위한 음악교육은 흥미를 고려하고 재미있는 놀이 중심의 방향으로 이루어져야 한다는 것을 알 수 있다.

셋째, 뇌는 몸과 분리될 수 없는 부분으로, 뇌는 곧 몸 그 자체이며 그 자체로 인간이라는 뇌 교육적 차원에서 살펴볼 때 영유아 음악교육은 신체와 밀접히 관련지어 이루어질 필요가 있다. 즉 영유아 음악교육도 뇌 교육적 측면을 고려하여 뇌 체조나 움직임에 대한 활동을 음악과 통합하여 실시하고, 뇌 발달을 고려한 다양한 음악교육 활동을 구성하여 제공할 필요가 있다.

제6장

영유아 음악교육과정에 대한 이해

1. 만 0~2세 영아를 위한 표준보육과정[1)]

1) 만 0~1세

0~1세 예술경험 영역은 영아가 자신의 신체와 주변의 감각 자극에 호기심을 갖고 소리와 움직임으로 반응하며 단순한 미술 활동을 경험하고 모방행동을 즐기며 친근한 주변 환경에 관심을 가지는 태도를 기르기 위한 영역이다.

(1) 아름다움 찾아보기

1) 예술적 요소에 호기심 가지기

'예술적 요소에 호기심 가지기'는 0~1세 영아가 오감을 통해 주변생활이나 환경에서 나는 소리와 움직임, 색이나 모양에 호기심을 가짐으로써 예술적 요소에 주의를 기울이고 반응하는 것에 대한 내용이다.

가. 지도 지침 및 유의점

- 교사는 영아의 행동을 관찰하다가 영아가 관심을 보이는 사물이나 환경을 눈여겨 보고 사물의 소리나 움직임에 대해 언어로 표현해 준다.

  예 "딸랑 딸랑~ 딸랑이에서 소리가 나네~"

  "(실외놀이에서 나무를 유심히 보고 있는 영아를 보며) 여기에 초록색 나무가 있네~ 바람이 불어서 나뭇잎이 흔들리고 있네~"
- 걷지 못하는 영아도 실외 환경에서 들리는 소리, 움직임, 색, 모양에 호기심을 가질 수 있도록 유모차, 돗자리 등을 준비하여 같은 실외놀이 환경을

1) 만 0~2세 영아를 위한 표준보육과정은 제3차 어린이집 표준보육과정 교사용 지침서를 참고로 작성하였다.

제공한다.

- 영아가 주변 환경의 소리와 움직임 및 색과 모양에 호기심을 가질 수 있도록 모빌처럼 소리와 움직임이 있는 놀잇감 및 여러 가지 색과 모양의 놀잇감이나 촉감책, 생활용품을 제공한다.

(2) 예술적 표현하기

① 리듬 있는 소리로 반응하기

'리듬 있는 소리로 반응하기'는 영아가 주변에서 들려오는 소리 중에서 리듬이 있는 소리를 구분하여 리듬에 관심을 기울이며 점차 노래를 부분적으로 따라 부르게 되는 내용으로 구성된다.

(1) 지도 지침 및 유의점

- 교사는 의성어, 의태어 등을 사용하거나, 간결하고 리듬감이 있는 말투로 영아에게 이야기하도록 한다. 영아들이 좋아하는 동요나 동시를 교사의 목소리로 자주 들려주어 영아들이 리듬 있는 소리에 관심을 갖고 익숙한 노래는 부분적으로 따라 부를 수 있도록 한다. 교사의 목소리뿐 아니라 녹음된 동요, 클래식과 같은 다양한 리듬 있는 소리를 등원 및 맞이하기와 같은 일상생활 속에서 자연스럽게 들려주어 영아가 자연스럽게 관심을 가질 수 있도록 한다.

  예 "(영아를 토닥 토닥 두드리며) 자장~ 자장~ 우리 ○○이~"

  "(영아에게 노래를 불러 준다) 반짝 반짝 작은별~ 아름답게 비치네~"
- 영아가 친근한 소리나 노래에 옹알이나 발성으로 반응할 수 있도록 교사는 짧고 운율이 반복되는 동요를 자주 들려주도록 한다. 영아가 교사의 목소리에 반응할 경우 영아의 반응을 격려한다. 영아가 익숙한 소리나 노래에 맞추어 자신의 목소리, 신체, 주변의 사물, 리듬악기로 소리를 만들어 볼

수 있도록 격려한다.

예 "(영아가 교사가 들려주는 소리에 옹알이나 발성으로 반응할 경우) ㅇㅇ이가 선생님이 불러 주는 노래를 좋아하는구나! 다시 한번 불러 줄게."
"ㅇㅇ이가 노래에 맞춰 탬버린을 치고 있구나. 탬버린에서 재미있는 소리가 나네."

- 영아에게 친근한 소리 또는 노래를 자주 들려줄 수 있도록 교사 자신이 준비된 환경이 되도록 한다. 영아가 관심 있어 하는 소리 및 노래를 유심히 관찰하였다가 영아에게 자주 들려주도록 한다.
- 영아가 리듬 있는 소리나 노래에 관심을 갖고 반응할 수 있도록 리듬악기, 동요 또는 클래식 CD와 CD player, 소리 나는 동화책을 준비한다.
- 영아가 노래를 완벽하게 부르도록 하기 위해 반복하여 연습하거나 대집단으로 노래 배우기 활동은 삼가도록 하고 영아의 수준에 맞추어 개별적으로 상호작용 하도록 한다.

1수준	2수준	3준	4수준

영아를 안고 눈을 바라보며 박자에 맞춰 몸을 흔들면서 '선생님 안녕' 노래를 부른다. 영아가 교사의 노래에 옹알이 또는 발성을 할 경우 반복해서 불러 줄 수 있다.	영아와 가까이 앉아서 '선생님 안녕' 노래를 함께 불러 본다. 영아가 노래를 직접 부르지 못하더라도 노랫소리를 주의 깊게 들어볼 수 있도록 눈을 맞추며 노래한다. '	영아가 손뼉치기, 발구르기, 엉덩이 두드리기 등 자신의 몸을 이용하여 리듬이나 소리 내는 활동을 할 수 있도록 격려하고 환경을 제공한다.	영아가 자신의 몸뿐 아니라 친구 또는 교사의 몸을 이용하여 소리나 리듬을 만들어 보는 것을 시도할 수 있다.

출처: 보건복지부·육아정책연구소(2013).

② 움직임으로 반응하기

'움직임으로 반응하기'는 0~1세 영아가 주변 환경에서 경험하는 시각적, 청각적 자극에 대해 손발과 몸을 움직여서 자유롭게 반응하고 간단한 도구를 활용하여 자신의 느낌을 더욱 풍부하게 표현하는 것에 대한 내용이다.

(1) 지도 지침 및 유의점

- 교사는 영아가 어떠한 자극에 대해 손과 발, 몸의 움직임, 도구를 활용하여 표현하는지를 주의 깊게 관찰하고 발견된 행동에 대해 언어적, 비언어적으로 상호작용해 준다.

  예 "(영아의 손 움직임을 따라하며) 안~녕~, 안~녕~, 손을 흔드네~"
  "노래가 느려지니까, 천천히 걷는구나!"
- 일상생활 속에서 영아의 움직임에 영향을 주는 예술적 요소를 관찰하고, 그에 대해 반응하는 영아의 움직임을 언어로 표현하여 스스로 자신의 움직임에 대해 인식할 수 있도록 격려해 준다.

  예 "손뼉을 치고 있구나, 짝짜꿍~짝짜꿍~"
- 영아의 발달정도와 흥미를 고려하여 음악을 선정하고 하루 일과 중 자연스럽게 들을 수 있도록 한다. 기계음뿐만 아니라 교사의 육성으로 노래를 따라 불러 주거나, 음악이 들릴 때 교사가 음악에 맞춰 몸을 움직여 영아가 관심을 갖도록 한다.
- 영아가 자발적으로 신체를 표현할 수 있도록 개방적인 분위기를 조성하고 영아가 표현하는 말소리와 행동, 표정을 민감하게 파악할 수 있도록 유심히 관찰한다. 영아의 자연스러운 행동을 교사의 의도에 따라 임의로 표현하지 않도록 유의한다.

1수준	2수준	3수준	4수준
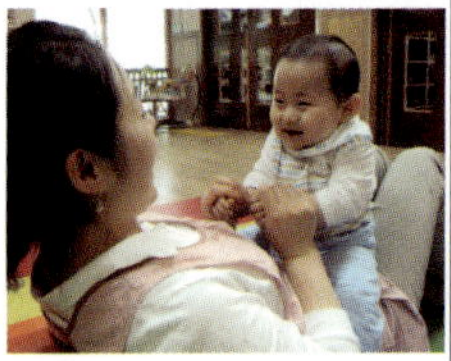			
왈츠 음악을 들려주고 영아가 손을 작게 흔들며 반응을 보이면, 교사는 손가락으로 영아를 모방하여 표현해 준다. 영아가 교사의 손가락을 잡으면 함께 흔들며 리듬을 느껴 본다.	왈츠 음악을 듣고 영아가 자발적으로 손과 발을 흔들며 반응을 보이거나 영아가 교사의 움직임에 관심을 보이면 안정감 있게 안아 준 후 영아의 움직임을 살피며 함께 춤을 춰 본다.	'시소' 음악을 들으며 시소의 움직임에 관심을 갖고 신체를 이용하여 표현해 보는 활동을 한다. 양팔의 한 쪽으로 무게가 쏠리며 내려가는 모습을 몸의 움직임으로 표현한다.	'영아체조' 음악을 들으며 노랫말에 따라 몸으로 표현하는 활동을 해 본다.

출처: 보건복지부 · 육아정책연구소(2013).

(3) 예술 감상하기

① 아름다움 경험하기

'아름다움 경험하기'는 0~1세 영아가 자신의 주변과 친숙한 사람과의 관계 속에서 친근한 소리나 노래를 반복적으로 즐겨듣고 자연이나 사물의 아름다움을 경험하는 것과 관련된 내용이다.

(1) 지도 지침 및 유의점

- 일상 속에서 리듬 있는 소리를 즐기도록 하기 위하여 교사는 영아와 말할 때, 의성어, 의태어 또는 간단한 리듬이 반복되는 말, 노래를 자주 불러 주고 영아가 반응을 보이면 격려해 준다.

  예 "구두 구두 걸어라 쿵쿵쿵~ ♬"

  "(영아들이 좋아하는 노래를 부른다) 나비야~ 나비야~ 이리 날아 오너라~"
- 교사는 일상생활에서 아름다움을 느낄 수 있는 상황을 언어로 표현해 줌으

로써 영아가 익숙한 환경 속에서 아름다움을 찾아내고 관심을 가질 수 있도록 격려한다.

예 "♬ 지지배배 지지배배, 봄이 되니 새들이 노래를 하네~"

- 영아들이 리듬 있는 소리, 노래 등을 즐겨 들을 수 있도록 의성어, 의태어가 나와 있는 그림책, 노래 CD, CD 플레이어를 준비한다. 기계음뿐 아니라 교사가 직접 목소리로 자주 들려준다.
- 영아가 자발적으로 흥미를 가질 수 있도록 하며, 교사의 주도나 강요로 영아를 자극하지 않도록 한다.

1수준	2수준	3수준	4수준

낮잠 시간에 교사의 목소리로 자장가 '둥개야~ 둥개야~'를 들려준다.	일과 중에 영아들이 좋아하는 노래를 자주 불러 준다. 영아는 교사가 불러 주는 노래의 음, 리듬, 목소리의 톤 등의 차이를 들어 볼 수 있게 한다.	탬버린을 이용하여 흔들어 보기, 두드려보기 등 다양한 소리를 내어 보고 탬버린의 리듬에 맞추어 함께 노래하며 리듬과 소리를 들어 볼 수 있도록 한다.	탬버린의 리듬에 충분히 익숙해지게 되었을 때, 북이나 다른 리듬 악기를 추가하여 다양한 악기 소리를 들어 볼 수 있도록 한다.

출처: 보건복지부·육아정책연구소(2013).

2) 만 2세

만 2세 예술경험 영역은 영아가 자신의 신체와 주변의 환경에서 예술적 요소를 탐색하고 간단한 리듬, 노래, 움직임, 미술활동, 모방 및 상상놀이로 표현하고, 주변의 환경과 자연 및 다양한 표현에서 예술적 요소를 감상하고 즐기는 태도를 기르기 위한 영역이다.

(1) 아름다움 찾아보기

① 예술적 요소 탐색하기

'예술적 요소 탐색하기'는 만 2세 영아가 익숙한 환경에서 새롭게 발견하는 것에 대해 관심을 갖고 예술적 요소를 흥미롭게 탐색하는 것에 대한 내용이다.

가. 지도 지침 및 유의점

- 영아가 주변 환경에서 나는 다양한 소리와 움직임을 자발적으로 탐색하는 습관을 가질 수 있도록 사소한 것이라도 영아가 관심을 보이는 경우 교사는 영아가 나름대로 탐색해 보도록 영아의 행동을 말로 표현해 준다.

  예 "○○이가 손을 씻으려고 물을 트니 물이 '쏴~아~' 하고 수도꼭지에서 나오네."
- 영아가 다양한 소리와 움직임, 색깔과 모양을 탐색할 수 있도록 소리 나는 장난감, 소리 나는 그림책, 악기, 스카프, 여러 가지 색과 모양의 블록, 조작 놀잇감 같은 교구를 준비한다. 단, 너무 많은 자극이 과도하게 주어지면 영아들의 탐색을 오히려 저해할 수 있으므로 영아의 수준을 파악하여 적절하게 제공하도록 한다.
- 눈이 내리고, 꽃이 피는 것과 같은 일상생활에서 경험하는 자연의 모습과 여러가지 소리를 탐색할 수 있도록 실외놀이를 계획한다. 또한, 반짝거리는 크리스마스트리와 같은 영아의 일상과 관련된 사건, 물건 등에서 자연스럽게 아름다움과 변화를 경험할 수 있도록 주변 환경을 영아의 수준에 맞게 구성해준다.
- 주변 환경에서 보이는 소리, 움직임, 색과 모양을 적극적으로 탐색할 수 있도록 개방적인 분위기를 조성하고 교사는 주변 사물이나 환경에서 보이는 소리, 움직임, 색과 모양에 대해 정교한 언어로 반응해 준다. 단, 영아가 사물의 색과 모양의 이름을 정확하게 알지 못하는 경우 이를 가르치기 위해

교사의 말을 따라 하도록 지도하지 않는다.

(2) 예술적 표현하기

① 리듬 있는 소리와 노래로 표현하기

'리듬 있는 소리와 노래로 표현하기'는 만 2세 영아가 친근한 노래를 따라 부르고 신체, 목소리, 리듬악기 등을 이용하여 간단한 리듬과 소리를 만듦으로써 리듬발달과 음악적 표현 능력을 증진하기 위한 내용이다.

가. 지도 지침 및 유의점

- 교사는 영아가 일상에서 친숙하게 듣는 노래를 좋아하고 따라 부를 수 있도록 영아가 좋아하는 노래를 자주 불러 주거나 동요 CD 등을 들려준다. 영아가 노래의 음높이와 노랫말을 정확히 부르지 못하더라도 교사는 영아가 자발적으로 노래 부르기를 즐기는 것을 격려하도록 한다. 예를 들어, 영아가 미숙한 발음으로 노래를 부르는 경우 교사는 자연스럽게 영아가 부르는 노래를 따라 불러 줄 수 있다.

  예 "○○이가 악어떼 노래를 부르고 있구나. 정글 숲을 지나서 가자~"
  "○○이가 노래를 열심히 불러 주었구나. ○○이의 노랫소리가 정말 멋지네~"
- 영아가 신체, 주변 사물, 리듬악기 등을 이용하여 간단한 리듬과 소리를 만드는 것을 격려한다. 주변에서 우연히 들리는 리듬 있는 소리 또는 노래에 맞추어 간단한 리듬과 소리를 만들어 보거나, 영아가 직접 노래를 부르며 리듬이나 소리를 만들어 볼 수 있도록 교사는 영아들의 관심이나 흥미를 민감하게 관찰하였다가 영아의 행동을 말로 표현해 준다.

  예 "(교실 밖에서 일정한 박자로 나는 소리에 영아가 반응하는 경우) ○○이가 교실 밖에서 나는 소리를 들었구나. '딱! 딱! 딱!' 소리가 나네. ○○이도 '딱! 딱! 딱!' 소리를 내 볼 수 있니? ○○이가 손뼉을 '딱! 딱! 딱!' 치네."

예 "○○이가 노랫소리에 맞춰 악기를 흔들고 있네. '쏴~아~' 하는 소리가 나네."

- 영아들이 원할 때 자유롭게 노래를 부를 수 있도록 음률영역에 교사용 우크렐레, 동요 CD와 CD player를 준비한다. 단, 노래부르기는 일과 중 언제든지 할 수 있으므로 교사가 항상 반주를 해 주거나 동요 CD를 들으며 노래해야 하는 것은 아니다.
- 영아들이 자유롭게 리듬과 소리를 낼 수 있도록 영아가 손에 쉽게 쥘 수 있는 리듬악기, 주제에 부합되는 교사가 제작한 리듬악기, 냄비와 같은 생활용품 등을 준비해 준다.
- 주의 집중 시간이 짧은 영아의 발달특성을 고려하여 노래 배우기, 악기 연주 등은 가급적 대집단 활동으로 계획하지 않도록 한다. 특히 교사가 영아를 등지고 앉아 연주해야 하는 피아노와 같은 악기를 영아반에서 사용하는 것은 적합하지 않다. 교사의 반주가 필요한 경우 영아들과 마주보며 노래를 부를 수 있는 작은 악기(예: 우크렐레)를 활용하는 것이 적합하다.

1수준	2수준

영아가 리듬악기를 자유롭게 탐색하고 노래나 간단한 리듬에 맞추어 영아 나름대로 연주해 볼 수 있다.	영아는 느리게, 빠르게, 작게, 크게 등 여러 가지 방법으로 악기 연주를 하거나, 교실에 있는 여러 가지 악기를 함께 연주하여 같은 리듬을 다양한 소리로 내 볼 수 있다.

② 움직임으로 표현하기

'움직임으로 표현하기'는 만 2세 영아의 신체 운동능력 발달에 따라 친근한 리듬이나 음악에 맞춰 춤추기를 즐기고, 간단한 도구를 활용하여 신체로 표현하는 것에 대한 내용이다.

가. 지도 지침 및 유의점

- 교사는 영아가 노래나 리듬을 들으며 신체로 표현하는 모습을 관찰하고, 다양하게 상호작용하며 격려해 준다. 영아가 도구를 이용한 움직임을 시도할 경우 도구의 움직임에 의한 모양과 선, 형태에 대해 구체적인 언어로 표현해 준다.
- 주어진 과제 외에도 주변에서 사용할 수 있는 도구를 활용하는 기회를 제공하며, 일상생활에서 나타나는 여러 가지 움직임을 즐기고 자유롭게 표현해 본다.

  예 "앞으로, 앞으로~ 팔을 흔들며 걷고 있구나."

- 일상생활에서 반복적으로 관찰되는 영아의 행동에 대해 운율이 있는 소리나 노래를 불러줌으로써 자신의 움직임을 인식하도록 돕는다. 노래나 리듬에 맞추어 영아가 움직임으로 표현하며 자유롭게 즐길 수 있도록 일과 중 자연스럽게 음악을 들려주고 익숙해지도록 한다.
- 일상 속에서 들리는 다양한 음악에 맞추어 몸으로 표현할 수 있도록 개방적인 분위기를 조성하고, 영아가 시도하는 신체적 표현을 긍정적인 언어로 반응해준다. 단, 과도한 움직임으로 인해 안전사고가 나지 않도록 주변의 놀잇감이나 교구장을 수시로 점검하고 공간을 충분히 확보해 준다.

1수준	2수준

왈츠와 관련된 그림 자료를 탐색한 후 음악을 듣고 몸 움직임으로 표현해 본다. 영아는 리듬에 맞추어 자유롭게 표현할 수 있으며, 교사가 짝이 되어 함께 춤을 춰 본다.	혼자 혹은 교사와 함께 했던 신체표현을 토대로 또래와 어울려 춤추기 활동을 할 수 있다.

(3) 예술 감상하기

① 아름다움 즐기기

'아름다움 즐기기'는 만 2세 영아가 주변 환경이나 자연 속에서 발견되는 예술적 요소에 관심을 가지며, 자신과 또래가 표현한 노래, 춤, 그리기 등을 즐기는 태도와 관련된 내용이다.

가. 지도 지침 및 유의점

- 교사는 실내외 모든 활동에서 영아가 색이나 형태, 소리나 움직임 등 예술적 요소에 관심을 갖도록 언어로 격려하고 촉구한다.

  예 "바람이 부니 벚꽃이 함께 떨어지네~"

  "○○는 바람에 날리는 벚꽃 잎을 보니 어떤 느낌이 드니?"

2. 만 3~5세를 유아를 위한 누리과정

유아는 일상에서 아름다움과 경이감을 느끼고 즐기며 표현하는 풍부한 감성을 가진 존재이다. 예술경험 영역은 유아가 자연, 생활, 예술에서 아름다움을 찾아보고 느끼며, 다채롭고 창의적인 방법으로 자신의 경험, 생각, 느낌을 표현해 보고, 다양한 예술 표현을 존중하는 경험과 관련된 내용이다. 교사는 유아가 아름다움을 느끼고 즐기며 창의적으로 표현하는 과정을 통해 풍부한 감수성을 기르도록 돕는다. 또한 유아가 다양한 예술 감상을 통해 상상력을 키우고 예술 표현이 가지고 있는 고유의 가치를 존중하도록 지원할 수 있다.

1) 목표

아름다움과 예술에 관심을 가지고 창의적 표현을 즐긴다.

① 자연과 생활 및 예술에서 아름다움을 느낀다.

② 예술을 통해 창의적으로 표현하는 과정을 즐긴다.

③ 다양한 예술 표현을 존중한다.

2) 내용

내용범주	내용
아름다움 찾아보기	자연과 생활에서 아름다움을 느끼고 즐긴다.
	예술적 요소에 관심을 갖고 찾아본다.
창의적으로 표현하기	노래를 즐겨 부른다.
	신체, 사물, 악기로 간단한 소리와 리듬을 만들어 본다.
	신체나 도구를 활용하여 움직임과 춤으로 자유롭게 표현한다.
	다양한 미술 재료와 도구로 자신의 생각과 느낌을 표현한다.
	극놀이로 경험이나 이야기를 표현한다.
예술 감상하기	다양한 예술을 감상하며 상상하기를 즐긴다
	서로 다른 예술 표현을 존중한다.
	우리나라 전통 예술에 관심을 갖고 친숙해진다.

(1) 목표 및 내용범주 이해하기

예술경험 영역의 목표와 내용범주는 유아가 자연, 생활, 예술에서 아름다움을 느끼고, 음악, 움직임과 춤, 미술, 극놀이 등의 예술에서 자신의 느낌과 생각을 창의적으로 표현하는 과정을 즐기며, 다양한 예술 작품을 감상하며 다른 사람의 예술 표현을 존중하는 내용으로 구성하였다.

- 유아가 자연과 생활, 예술에서 아름다움을 느끼고 즐기는 경험을 반영하여 '아름다움 찾아보기'를 새롭게 편성하였다.
- '창의적으로 표현하기'에서는 유아가 자신의 느낌과 생각을 음악, 움직임과 춤, 미술, 극놀이 등을 통해 자유롭게 표현하는 과정을 즐기는 내용으로 구성하였다.
- '예술 감상하기'에서는 유아가 다양한 예술을 통해 상상하기를 즐기고, 우리나라 고유의 전통 예술에 친숙해지는 경험을 강조하였다.

'아름다움 찾아보기' 유아가 자연과 생활에서 아름다움을 느끼며 예술적 요소에 관심을 가지고 찾아보는 내용이다.

'창의적으로 표현하기' 유아가 노래를 즐겨 부르고, 간단한 소리와 리듬을 만들어 보며, 자유롭게 움직이며 춤추고, 다양한 미술 재료와 도구를 활용하여 표현하며, 경험과 이야기를 극놀이로 표현하는 내용이다.

'예술 감상하기' 유아가 자신과 또래의 작품뿐만 아니라 다양한 예술을 감상하며 상상하기를 즐기고, 서로 다른 예술 표현을 존중하며, 우리 고유의 전통 예술에 친숙해지는 내용이다.

<table>
<tr><th colspan="3">내용 범주: 아름다움 찾아보기</th></tr>
<tr><td>목표</td><td colspan="2">자연과 생활 및 예술에서 아름다움을 느낀다.</td></tr>
<tr><td>내용</td><td colspan="2">• 자연과 생활에서 아름다움을 느끼고 즐긴다.
• 예술적 요소에 관심을 갖고 찾아본다.</td></tr>
<tr><th colspan="2">내용 이해</th><th>유아 경험의 실제</th></tr>
<tr><td colspan="2">자연과 생활에서 아름다움을 느끼고 즐긴다. 유아가 자신의 주변에서 만나는 자연, 공간, 사물 등의 아름다움을 풍부하게 느끼며 즐기는 내용이다.</td><td>벚꽃이 바람을 타고 눈처럼 휘날린다. 유아들이 "저것 봐! 눈이 오는 것 같아. 분홍색 눈이야. 정말 예쁘다!" 하며 감탄한다. 유아들은 하늘을 향해 고개를 들고 두 팔을 벌리며 흩날리는 벚꽃잎을 맞기도 하고, 바람결에 날아가는 벚꽃잎을 쫓아다니기도 한다. 그리고 땅에 떨어진 벚꽃잎을 조심스럽게 다루며 한 잎 한 잎 줍기도 한다.
</td></tr>
<tr><td colspan="2">예술적 요소에 관심을 갖고 찾아본다.
유아가 주변의 자연과 생활에서 다양한 소리나 리듬 등의 음악적 요소, 색이나 형태 등과 같은 미술적 요소를 발견하고, 사물이나 동식물의 움직임에서 아름다움을 경험하는 내용이다.</td><td>유아는 바깥 놀이터에서 스카프를 재빠르게 높이 올렸다 내리기를 반복하며 바람에 스카프를 날려 보기도 한다. 스카프가 펄럭이고 날아가는 모습을 보며 "바람 따라 춤추는 것 같아.", "파도같이 움직여." 하며 즐거워한다.</td></tr>
</table>

내용 범주: 창의적으로 표현하기	
목표	예술을 통해 창의적으로 표현하는 과정을 즐긴다.
내용	• 노래를 즐겨 부른다. • 신체, 사물, 악기로 간단한 소리와 리듬을 만들어 본다. • 신체나 도구를 활용하여 움직임과 춤으로 자유롭게 표현한다. • 다양한 미술 재료와 도구로 자신의 생각과 느낌을 표현한다. • 극놀이로 경험이나 이야기를 표현한다.

내용 이해	유아 경험의 실제
노래를 즐겨 부른다. 유아가 흥얼거리거나 친구들과 함께 소리와 박자 등을 느끼고 노랫말을 바꾸어 불러 보며 노래 부르기를 즐기는 내용이다. **신체, 사물, 악기로 간단한 소리와 리듬을 만들어 본다.** 유아가 자신의 신체, 주변의 사물, 리듬 악기 등을 사용하여 소리와 리듬을 창의적으로 만들어 보는 내용이다.	유아가 바깥 놀이터의 소꿉놀이 그릇을 모두 뒤집어 펼쳐 놓고 숟가락으로 여기저기 두드린다. 이때 교사가 지나가자, "선생님, 들어 보세요. 소리가 모두 달라요. 저는 지금 피아노 치고 있어요." 하며 최근에 배운 새 노래 '유리창에 예쁜 은구슬'을 흥얼거린다. 선생님은 "오! 정말 소리가 다르네. 정말 피아노 치는 것 같네." 하며 유아의 곁에서 함께 노래한다. 

내용 이해	유아 경험의 실제
신체나 도구를 활용하여 움직임과 춤으로 자유롭게 표현한다. 유아가 자연과 생활에서 발견한 다양한 움직임을 자유롭게 표현하고 나아가 자신의 생각과 느낌을 자신의 신체나 다양한 도구를 활용하여 움직임과 춤으로 표현하는 내용이다.	유아가 창문 밖으로 나뭇잎이 바람에 날리는 모습을 보며 큰 소리로 "와! 저것 봐. 나뭇잎이 데굴데굴 잘도 굴러가고 있어!"라고 말한다. 잠시 후 유아는 교실에 있는 리본 막대를들고 동그랗게 흔들면서 "나뭇잎이 동글동글 굴러가고 굴러가고"라고 흥얼거린다. 
다양한 미술 재료와 도구로 자신의 생각과 느낌을 표현한다. 유아가 자연과 생활에서 발견한 다양한 재료와 도구를 활용하여 여러 가지 방법으로표현하는 내용이다. 자신의 경험, 느낌, 생각 등을 창의적으로 표현하는 과정을 즐기는 내용이다. **극놀이로 경험이나 이야기를 표현한다.** 유아가 자신의 경험, 다양한 상황, 이야기를 자유롭게 상상하며 극놀이로 표현하는 과정을 즐기는 내용이다.	유아가 친구들에게 꿀벌놀이를 하자고 제안한다. 수진: 나는 여왕벌 할래. 너희들은 모두 일벌 해. 아이 배고파. 일벌들아 꽃에게 가서 꿀을 가져와. 유찬: (날갯짓하며 교실을 한 바퀴 돌아와 수진이에게 손을 내밀며) 이건 꿀이야. 자, 먹으세요! 승민: 나는 말벌이야. 너희들은 꿀벌이니까 도망가야 돼. 웽웽. 꿀벌 역할을 맡은 두 유아가 "으악!" 하며 달아난다. 이 모습을 보고 있던 희원이와 민이가 "애들아, 잠깐 기다려봐. 우리가 꿀벌집 만들어 줄게."라고 말하며 상자, 사인펜, 물감 등을 가지고 모인다.

내용 범주: 예술 감상하기	
목표	다양한 예술 표현을 존중한다.
내용	• 다양한 예술을 감상하며 상상하기를 즐긴다. • 서로 다른 예술 표현을 존중한다. • 우리나라 전통 예술에 관심을 갖고 친숙해진다.
내용 이해	유아 경험의 실제
다양한 예술을 감상하며 상상하기를 즐긴다. 유아가 자신과 또래의 작품이나 음악, 춤, 미술작품, 극 등 다양한 예술을 감상하고 자유롭게 상상하기를 즐기는 내용이다.	유아들이 분홍색 한지를 구기고 찢어서 꾸민 봄꽃 작품을 감상하며 "와! 예쁘다. 어! 이건 어떻게 했지? 이렇게 하니까 진짜 꽃 같다. 꽃냄새 맡아 보자. 흠, 꼭 봄꽃 요정이 나타날 것 같아, 그치?" 하며 친구와 마주 보고 웃는다.
서로 다른 예술 표현을 존중한다. 유아가 자신과 또래의 작품, 음악, 춤, 미술작품, 극 등에 포함된 다양한 표현을 존중하는 내용이다.	
우리나라 전통 예술에 관심을 갖고 친숙해진다. 유아가 우리나라 고유의 전통 음악, 춤, 미술, 건축물, 극 등에 관심을 가지고 전통 예술을 감상하며 우리나라 문화에 친숙해지는 내용이다.	유아들이 '밀양 아리랑'을 들으며 장구를 자유롭게 두드린다. 한 유아가 "얘들아! 날 좀 보소." 하고 노래를 흥얼거리며 두 손으로 장구를 두드린다. 옆에 있던 유아가 장구를 세운 후 두드리며 "나는 세워서 두드려야지. 2개로도 할 수 있어."라고 말한다. 그러니까 옆에서 바라보던 유아가 "어? 세워서도 할 수 있네. 그렇게 쳐도 좋은 것 같다."라고 말한다.

|예술경험 영역의 통합적 이해

비 오는 날

비가 내리는 날, 창문 밖을 바라보던 유아들은 선생님에게 바깥으로 나가자고 제안한다. 우비와 장화 차림으로 친구들과 함께 바깥 놀이터로 나온 신유와 지효는 친구들과는 조금 떨어진 곳으로 걸어간다. 그리고 비가 와서 생긴 흙탕물 도랑을 밟으며 말없이 천천히 걷는다.

신유 (작은 목소리로) 소리가 난다.
지효 (미소 지으며 작은 목소리로) 응. 우비에서 소리가 난다.
신유 응. 신발에서도 소리가 난다. … 이것 봐. 발자국이 생긴다.
지효 너 발자국 위에 내 발자국 올라간다.

지효가 화단에 동백꽃잎들이 떨어진 것을 발견하고 동백꽃잎을 줍는다. 지효가 "아 정말 부드럽다."라고 말하자 신유가 "살살 만져야겠어. 우리 동백꽃잎 케이크 만들자. 정말 맛있을 거야." 하며 제안한다. 지효는 동백꽃잎을 주워 오고, 신유는 동백꽃잎으로 케이크를 만들기로 한다.

신유는 큰 냄비에 모래를 가득 담아 바닥에 엎고, 작은 그릇에도 모래를 가득 담아 그 위에 엎는다. 그리고 손으로 모래를 다듬으며 동백꽃잎을 하나씩 꽂는다. 교사가 분홍색 꽃잎이 비에 젖으니까 더 선명하고 예쁜 것 같다고 말한다. 신유는 "동백꽃잎 케이크예요. 친구에게 선물하고 싶어요."라고 말하며 계속 모래를 다듬으며 동백꽃잎을 꽂고, 지효는 계속 동백꽃잎을 주워 신유에게 전달한다. 동백꽃잎 케이크를 만든 뒤 지효는 화단에서 짧고 가느다란 나뭇가지를 주워 온다. 그리고 작은 목소리로 신유에게 "나무가 연필이라고 생각하고 서로 그려 주자."라고 말한다. 지효와 신유는 모래 위에 서로의 모습을 나뭇가지로 그려 준다.

5개 영역의 통합적 이해

신체운동·건강

- 신체활동 즐기기-신체를 인식하고 움직인다.
  - 유아들은 발로 천천히 걷기, 발자국 만들기, 엄지와 검지 손가락으로 조심스럽게 꽃잎 줍기, 손바닥으로 모래 다듬기 등의 신체를 인식하고 움직이는 경험을 하며 신체 움직임을 조절한다. 유아들은 동백꽃잎, 젖은 모래, 나뭇가지 등 사물의 특성에 따라 손가락 힘의 강도를 조절한다.

의사소통

- 듣기와 말하기 - 말이나 이야기를 관심 있게 듣는다.
  - 유아들은 빗소리와 물 웅덩이 등에 대해서 다양한 표현을 하며 서로의 이야기를 관심 있게 듣고 말한다. 자신의 경험, 느낌, 생각을 말한다. 유아들은 동백꽃 잎이 떨어진 모습을 보며 서로의 생각을 말하고 상대방의 말이나 이야기를 듣고 적절하게 반응한다.

사회관계

- 더불어 생활하기-친구와 서로 도우며 사이좋게 지낸다.
  - 유아들은 동백꽃잎 케이크를 만들기 위해 서로 역할을 분담하며 협력한다. 서로의 모습을 예쁘게 그려 준다.

예술경험

- 아름다움 찾아보기-자연과 생활에서 아름다움을 느끼고 즐긴다.
  - 유아들은 비가 내리는 날 만나는 자연과 공간, 사물에서 아름다움을 발견하고 풍부하게 느낀다. 말없이 조용히 걸으며 주의를 기울여 빗소리를 듣고, 화단에서 발견한 동백꽃잎으로 동백꽃잎 케이크를 만들고, 서로의 모습을 그려주는 모든 과정에서 아름다움을 느끼고 즐기며 예술적 요소에

관심을 갖고 찾아본다. 빗소리, 우비에 떨어지는 빗소리, 장화와 흙탕물 도랑이 만나는 소리 등의 음악적 요소, 동백꽃잎의 분홍빛, 곡선, 부드러운 질감과 모래의 까끌까끌한 질감 등의 미술적 요소에 주의를 기울이고, 케이크를 동백꽃잎과 불그스름한 나뭇잎으로 장식하며 케이크의 꼭대기에 동백꽃 한 송이를 장식하는 과정을 통해 색, 모양, 질감, 공간을 탐색한다.

- 창의적으로 표현하기 - 다양한 미술 재료와 도구로 자신의 생각과 느낌을 표현한다.
  - 동백꽃잎과 불그스름한 나뭇잎, 젖은 모래, 큰 냄비와 작은 그릇을 활용하여 2층으로 올린 동백꽃잎 케이크를 창의적으로 만든다. 동백꽃잎을 하나씩 둥글게 꽂고, 불그스름한 나뭇잎을 이중으로 꽂아 꾸민다. 화단에서 주운 짧고 가느다란 나뭇가지로 젖은 모래 위를 도화지 삼아 서로의 모습을 그려주며 창의적 표현을 즐긴다.

자연탐구

- 생활 속에서 탐구하기 - 물체의 특성과 변화를 여러 가지 방법으로 탐색한다.
  - 유아들은 젖은 모래는 마른 모래보다 잘 뭉쳐지기도 하지만 모래이기 때문에 잘 부스러진다는 특성을 자연스럽게 탐색한다(교육부 · 보건복지부, 2019).

제7장

영유아 음악교육 내용과 교수 방법

1. 음악교육 내용 선정 및 구성

영유아 음악교육의 중요성이 강조됨에 따라 발달에 적합한 영유아 음악교육과정에 대한 요구가 높아지게 되었다. 발달에 적합한 영유아 음악교육과정은 음악교육 내용의 영역이 균형 있게 제공되면서 영유아가 능동적으로 참여하는 놀이 중심의 교육과정을 의미하며, 음악교육의 목적과 교육 내용, 교수-학습 방법과 평가가 서로 밀접히 연결된 피드백 체제로 구성된다(Miranda, 2004). 영유아 음악교육의 목적은 영유아의 음악적 태도와 음악적 행동을 증진시키고, 음악적 개념 형성을 통해 궁극적으로는 음악적 소양을 길러 주는 것에 있다. 이와 같은 영유아 음악교육의 목적을 달성하기 위해서는 음악교육 내용 영역들이 동등한 관계로 구성되어야 하며, 음악교육 내용 영역에 적합한 교수-학습 방법과 평가가 체계적으로 연계되는 것이 중요하다. 영유아 음악교육에 포함될 수 있는 영역으로는 소리 탐색 및 소리 만들기, 노래 부르기, 악기 다루기 및 악기 만들기, 음악 감상하기, 음악 만들기, 신체 표현하기, 음악극 하기 등이 있다. 이러한 영유아 음악교육의 기본적인 내용 영역들은 서로 동등하게 다루어져야 하며, 통합적 연계를 통해 교육 내용이 구성될 때 영유아의 음악적 능력이 더욱 증진될 수 있다.

2. 음악교육 내용 영역별 교수방법

1) 소리 탐색 및 소리 만들기

영유아 음악교육의 기본적인 내용영역인 소리 탐색 및 소리 만들기는 다른 음악내용영역의 기초를 이루는 중요한 경험이다(Haines & Gerber, 2000). 소리를 탐색하고 주의 깊게 듣는 능력이 발달하지 않으면 소리에 대한 흥미가 생기지 않아 궁극적으로 음악적 능력이 발달하지 않게 된다. 따라서 교사는 소리를 내는 다양한 실제 교수 자료를 이용하여 소리 탐색과 만들기의 기회를 제공하여야 한다. 교사는 매일 의도적이고 체계적으로 소리 탐색 및 소리 만들기와 관련된 활동을 제공하고 소리의 크기, 강약 등과 관련된 음악적 개념을 탐색 및 놀이 중심의 교수방법을 통해 인식할 수 있도록 안내할 필요가 있다(Haines & Gerber, 2000). 또한 영유아들이 소리에 대해 관심을 가질 때 '소리' 를 주제로 선정하여 깊이 있게 다루어 줄 필요가 있다. 소리 탐색 및 소리 만들기의 목표, 내용 및 교수방법에 대해 구체적으로 제시하면 다음과 같다.

(1) 소리 탐색 및 소리 만들기 목표

- 자연이나 주위 환경에서 나는 소리에 관심을 가지고 주의 깊게 듣고 구별한다.
- 여러 가지 소리를 이용하여 소리를 만들어 본다.
- 소리를 내는 다양한 소재와 악기를 가지고 소리를 탐색한다.

(2) 소리 탐색의 내용

| 표 14 | 소리 탐색의 내용

구분	하위내용	교육 내용의 예	
소리 탐색	듣기와 변별	· 자연의 소리 듣기 · 신체, 목소리 듣기 · 생활 주변의 소리 듣기 · 특정 장소에서 나는 소리 듣고 구별하기 · 음악적 구성요소와 관련된 소리 듣기 · 전통 소리 듣기	· 다양한 소리에 관심을 가진다. 예 침묵놀이 · 여러 가지 소리의 차이를 느낀다. 예 수도꼭지에서 나는 물소리, 시냇가에 흐르는 물소리 등을 구별 · 부엌에서 나는 소리, 운동경기장에서 나는 소리 등 다양한 장소에서 특정적인 소리를 들어보고 장소별로 분류해 본다. · 익숙한 사물을 가지고 낼 수 있는 다양한 소리에 관심을 가진다. 예 냄비뚜껑끼리 부딪히는 소리, 유리컵을 나무젓가락으로 두드리는 소리 등 · 친구들의 목소리를 녹음하여 들어보고 이름을 알아맞힌다. · 소리를 듣고 음높이, 음길이, 음색, 음의 세기 등에 따라 소리의 차이를 구별한다. · 우리나라 고유의 물건에서 나는 소리를 들어 본다. 예 엿장수 가위소리, 다듬이질 소리 등
	소리 찾기	· 주변의 환경에서 소리 찾기	· 교실 내에서 나는 소리를 찾아본다. · 유치원과 주방에서 나는 소리를 찾아본다. · 비슷한 소리를 내는 물건을 찾아본다.

출처: 박명숙 외(2017). 영유아 음악교육. 경기: 공동체.

(3) 소리 만들기의 내용

영유아가 소리의 근원을 알아내고 다양한 물체와 도구를 사용하여 소리를 만들어내는 것은 자연스러운 현상이다. 교사나 부모의 역할은 소리가 나는 많은 재료를 제공하고, 이 재료로 영유아가 소리를 만들 수 있도록 도와주며, 소리가 같은 것과 다른 것을 구별할 수 있는 능력을 개발시켜 주는 것이다.

영유아 주변에는 소리를 만들 수 있는 재료가 다양하므로, 영유아들이 나무, 고무, 종이, 유리, 플라스틱으로 된 재료들을 흔들고, 치고, 두드리고, 문질러서 소리를 들어보도록 격려해 줄 필요가 있다. 예를 들면, 고무줄을 빈 휴지갑에 걸쳐놓고 탁탁 소리 내며 튕겨 본다든지, 종이를 구기거나 펄럭이거나 흔들어서 소리를 내 본다든지 하는 경험을 제공해 줄 필요가 있다.

(4) 소리 모방하기의 내용

- 소리의 차이 식별하기
- 소리를 분류하고 순서 지어 보기
- 소리를 내는 물건이나 악기로 즉흥연주 해 보기
- 자신의 생각이나 느낌을 전달하기 위해 소리를 조직하기 등

(5) 그림카드를 이용한 소리 만들기의 내용

- 다양한 그림이 그려진 모양카드를 보며 유아들과 이야기를 나눈다.
  - "이 그림은 무엇을 나타낸 것 같니?", "이 그림을 보면 어떤 생각이 나니?"
- 유아들과 함께 그림카드를 보며 소리를 내 본다(신체동작으로 먼저 표현할 수 있다).
- 교사는 그림카드를 제공하여 유아들이 다양한 소리를 낼 수 있도록 안내한다.

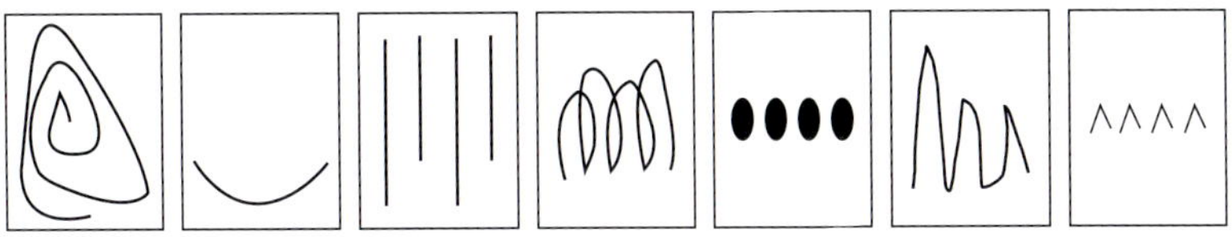

(6) 소리 탐색 및 소리 만들기 교수방법

첫째, 소리의 경험은 영유아가 생활하는 전후 맥락 내에서 제공한다. 즉 매일의 일상과 사물에서 발생하는 소리를 쉽게 관련짓고 구별할 수 있도록 격려한다. 예를 들면, 유아가 세면대에서 손을 씻으려고 물을 틀었을 때 "이것이 무슨 소리일까? 어디서 나는 소리니?"와 같이 이야기를 나눈다.

둘째, 정확하게 음악적 개념이나 음악적 기술을 가르치기보다는 즐거운 소리 탐색이나 소리 및 음악 만들기 활동을 제공하도록 한다. 예를 들면, 영유아 자신의 손과 발, 배 등 신체에서 나는 소리를 탐색하도록 안내한다.

셋째, 소리 듣기 활동을 할 때 무엇을 주의 깊게 들어야 하는지를 영유아에게 충분히 이야기 나눈 후 활동을 전개하도록 하고 영유아가 창의적으로 생각하거나 시도하도록 격려한다.

넷째, 소리가 나는 도구나 악기, 놀잇감 등을 영유아가 쉽게 조작해 볼 수 있는 곳에 비치해 두며, 실내뿐만 아니라 실외에서도 다양한 소리를 듣고 탐색할 기회를 제공한다.

다섯째, 조용한 영역에 소리 탐색 및 소리 듣기 활동을 할 수 있는 공간을 마련해 주고, 소리를 녹음하고 들을 수 있는 CD 플레이어나 녹음기를 제공하고, 그림으로 된 작동법을 함께 제시해 준다. 또한 소음을 흡수할 수 있도록 카펫 등을 바닥에 깔아 주는 것이 좋다.

활동예시 간다 간다

목표	• 여러 가지 교통 기관에 관심을 갖는다. • 노래를 즐겨 부른다. • 노랫말에 어울리는 움직임을 창의적으로 표현한다.

가. 활동 자료

'간다 간다' 악보(김성균 작사, 작곡), 그림자료(가사판, 자동차, 기차, 비행기)

〈가사판〉

〈자동차〉

〈기차〉

〈비행기〉

나. 활동 방법

1) 자동차, 비행기 기차에 대한 수수께끼를 낸다.

1. 나는 땅으로 다녀요. 사람이나 물건을 태우고 다니지요. 바퀴가 4개에요. 넓은 길도 다니고 좁은 길도 다니지요. 나는 누구일까요?
2. 나는 하늘로 다녀요. 사람이나 물건을 태우고 다니지요. 날개가 있어요. 지붕 위도 날아다니고 구름 위로 다니기도 해요. 나는 누구일까요?
3. 나는 땅으로 다녀요. 사람이나 물건을 태우고 다니지요. 강 위의 다리도 건너고, 캄캄한 굴속을 지나다니기도 해요. 나는 누구일까요?

2) 노래에 나와 있는 교통 기관을 타보았던 경험을 회상한다.

- 자동차(비행기, 기차)를 타 보았니?
- 언제 타 보았니?

3) 가사 판을 제시하고 자동차 비행기 기차 그림 자료를 동시판 위로 움직이며 짧은 이야기를 들려준다.

자동차는 골목길로 지나가요(뛰뛰빵빵! 간다간다)
자동차는 넓은 길로 지나가요(뛰뛰빵빵! 간다간다)
비행기는 지붕위로 날아가요(하늘높이! 간다간다)
비행기는 구름 위로 날아가요(하늘높이! 간다간다)
기차는 산을 넘어 지나가요(칙칙폭폭! 간다간다)
기차는 강을 건너 지나가요(칙칙폭폭! 간다간다)
기차는 굴을 지나가요(칙칙폭폭! 간다간다)

4) 교사가 노래를 들려준다.

- 자동차와 비행기 그리고 기차가 지나가는 모습을 노래한 거야. 잘 들어 보자.
- 노래를 들어 보니 어디가 재미있었니?

5) 멜로디를 들려준다.

6) 한 가지 소리로 노래를 불러 본다(음, 아, 라 등).

7) 다양한 방법으로 노래를 불러 본다.

- 노래를 어떤 방법으로 불러 보면 좋겠니?

(교사 - 유아, 유아 - 유아의 방법으로 노랫말을 주고받으며 부른다.)

8) 노랫말에 어울리는 움직임을 만들어 본다.

- 자동차(비행기 또는 기차)는 어떻게 움직일까?
- 골목길(넓은 길, 지붕 위, 구름 위 등)을 갈 때는 어떤 모습일까?

9) 노랫말에 맞춰 자유롭게 움직이며 노래를 불러 본다.

10) 노래를 불러 본 느낌에 대해서 이야기 나눈다.

- 어떤 부분이 가장 재미있었니?
- 너라면 자동차 소리(기차소리, 비행기가 나는 모습)를 어떻게 바꾸겠니?

다. 활동의 유의점

1) 자동차, 비행기, 기차의 특징에 대해 관심을 가지도록 한다.

2) 가사판은 삼각기둥으로 만들어서 활용한다.

라. 활동 평가

1) 여러 가지 교통 기관이 다니는 길에 관심을 가지는지 평가한다.

2) 즐겁게 노래를 부르는지 평가한다.

가) 노랫말에 어울리는 움직임을 다양하게 표현하였는가?

마. 확장 활동

1) 다른 교통 기관으로 노랫말을 바꾸어 불러 본다.

2) 교통 기관 모양의 옷(박스)을 입고 노래를 부르며 신체표현을 한다.

간다간다

김성균 작사
김성균 작곡

활동자료 출처: 보건복지부(2013). 4세 누리과정에 기초한 어린이집 프로그램 교사용 지도서.

2) 노래 부르기

노래부르기는 음악을 경험하고 학습하는 가장 직접적 방법이며 영유아가 경험해야 할 중요한 음악적 능력이다. 영유아는 목소리를 내는 훈련에서부터 다양한 억양의 발성을 시도하거나 음과 음의 흐름을 기억해 자신의 목소리와 연결시키는 것을 배운다. 노래부르기 활동을 위해서는 영유아에게 적합한 음역대를 고려하여 알맞은 노래를 선정해야 한다. 3~5세 유아의 평균적 음역대는 '도'에서 '솔'까지이다.

(1) 노래 부르기 목표

영유아기의 노래지도의 목표는 노래를 잘 부르는 기술에 초점을 두기 보다는 표현적인 측면에 초점을 두어 다양한 종류의 노래 레퍼토리를 풍부하게 경험하도록 하고, 노래를 부르는 바람직한 습관을 형성하는 방향으로 이루어져야 한다(Phillips, 1996). 그러므로 교사는 생활주제에 따라 다양한 종류의 노래를 선정하고 다양한 접근 방법에 기초하여 노래 부르기 경험을 제공해 주어야 한다(안경숙 외, 2006).

(2) 노래 부르기 내용

영유아의 바람직한 노래 부르기 지도를 위해서는 흥미를 고려한 생활주제와 관련된 노래를 선정하고, 영유아의 음악적 능력의 범주 안에서 부를 수 있도록 음역을 고려하여 음악적 개념을 발달시키면서 즐거움과 기쁨을 함께 제공해 줄 수 있는 내용으로 정해야 한다. 음악적 개념을 고려하여 노래 곡을 선택할 때, 예를 들면, 가락 중시의 곡으로는 가을(김성균 작사·작곡), 리듬 중시의 곡은 돌과 물(윤석중 작사·작곡), 음색 중시의 곡은 개구리(김성균 작사·작곡)를 선정할 수 있다.

가락 중시의 곡: '가을'

리듬 중시의 곡: '돌과 물'

음색 중시의 곡: '개구리'

(3) 노래 부르기를 위한 교수-학습 방법

유아의 발달에 적합한 노래 부르기를 위해 다음과 같은 교수-학습 원리를 고려한다.

첫째, 영유아의 발달에 적합한 노래를 선정하여야 한다.

- 분명한 리듬을 가진 노래
- 단순한 형식의 노래(영아: 4마디 정도 노래/ 유아: 8~12마디 정도 노래)
- 이야기가 있는 노래
- 자신과 관련된 노래(예: ㅇㅇ이 어디 있어~)
- 친근한 일상의 경험을 다루고 있는 노래(예: 양치노래)
- 극화할 수 있는 노래(여러 명이 역할을 나누어 맡아 부르거나 손유희를 할 수 있는 노래)
- 반복적인 노래(의성어/ 의태어/ 리듬패턴 등의 반복)
- 영유아가 흥미 있어 하는 주제의 노래(예: 가족, 친구, 동물, 색깔, 모양 등)

둘째, 영유아의 발달에 적합한 노래부르기 지도를 해야 한다.

셋째, 음악의 기본 요소를 발달시키면서 즐거움을 함께 제공해 줄 수 있는 교수방법을 사용해야 한다(김일미, 2004). 예를 들면, 노래 속에 포함된 음악의 기본 요소를 영유아가 이해할 수 있도록 노래 음의 높고 낮음을 시각적으로 표시해 주는 방법이나, 손기호를 사용하여 노래지도를 할 수 있다.

넷째, 영유아 간의 상호작용을 통한 공유된 지식이 내면화되도록 소집단 중심의 활동이 이루어져야 하고, 노래 부르는 활동의 과정에서 영유아들이 서로 협동하고 의견을 교환하고 함께 노래를 부르는 경험을 제공해 주는 방향으로 지도가 이루어져야 한다.

(4) 노래 부르기를 위한 교사의 역할

영유아에게 성공적으로 노래지도를 하기 위해서 교사는 다음과 같은 역할을 수행할 수 있어야 한다.

첫째, 교사는 노래 부르는 것을 좋아해야 한다.

둘째, 교사는 가르칠 노래에 대해 잘 알고 있어야 하며, 정확히 부를 수 있어야 한다. 교사는 노래를 잘 부르는 본보기를 보여 줘야 한다. 즉 노래를 부를 때 알맞은 자세로 정확한 노랫말을 발음해야 하며, 감정이 잘 드러나도록 노래를 부를 수 있어야 한다. 교사는 유아에게 노래를 소개하기 전에 노래를 반복적으로 여러 번, 다양한 방법으로 불러 보는 것이 좋다. 부드럽게 불러 보고, 큰 소리로 불러 보고, 천천히 또는 빠르게도 불러 본다. 가능하다면 거울 앞에서 자신의 노래 부르는 모습을 보면서 연습해 보는 경험도 필요하다(Silberg, 1998).

셋째, 교사는 노래를 부를 때 표정과 목소리의 억양을 사용하여 교사 자신의 노래 부르는 태도를 보여 준다.

넷째, 교사는 노래를 가르칠 때 자신이 좋아하는 부분을 영유아에게 말해 주고, 영유아들이 좋아하는 부분을 물어본다(Haines & Gerber, 2000).

(5) 새노래 지도방법

① 미리 들려주기

친근감을 가질 수 있도록 사전에 자유선택활동 시간이나 식시 시간 등을 이용해 음악을 들려준다.

② 동기부여

노래의 주제나 노랫말과 관련된 그림, 소도구, 영상자료, 음향자료(동물 소리등) 등을 이용해 노래를 소개하면 흥미와 이해도를 높일 수 있다.

③ 교사의 모델링

교사의 목소리, 눈빛, 입 벌리는 모양 등 일체가 노래를 익히는 데 도움이 되므로 어느 것도 소홀히 할 수 없으며 교사는 가능한 한 노래를 외워 부르는 것이 좋다. 또한 교사의 음정은 항상 정확해야 하나 확신이 없다면 잘 조율된 악기로 가락을 연주하거나 CD 등으로 보완할 수 있다.

④ 영유아와 함께 노래부르기

영유아와 노래부르기를 할 때는 부분을 끊어서 가르치는 분절법보다는 중단 없이 불러 보는 전체법이 더 좋다. 곡 전체의 흐름을 중단하는 것보다는 전체적인 분위기를 느끼도록 도와야 하며 영유아가 정확히 표현하지 못하는 특정 부분을 떼어 불러 볼 수 있다. 흥에 겨워 큰 소리를 질러내지 않도록 하고 부드러운 소리와 정확한 발음으로 노래해야 한다. 너무 높거나 낮은 음역대는 지장을 초래하므로 조를 조절할 필요가 있다.

⑤ 부분연습

노랫말의 발음이 어렵거나 리듬 표현이 정확하지 않거나 음정이 부정확한 부분 등 영유아가 부르기 어려운 부분은 따로 떼어 교사의 시범과 함께 유아를 교정하는 과정을 반복하고 전체를 연결해 불러 볼 수 있다. 이때 음정의 교정은 피아노를 통해 하는 것이 좋고 피아노 반주는 오른손가락만 들려주는 것이 정확한 음정에 도움이 된다.

⑥ 반주에 맞추어 노래 부르기

반주는 노래 부르기 활동에서 큰 역할을 차지하는데, 가락을 정확하게 표현하는 것 외에도 화성과 리듬감을 통해 곡의 분위기를 살려주고 아름다움을 느끼도록 하는 도구이기 때문이다. 반주소리는 노랫소리보다 커서는 안 된다.

⑦ 다양한 방법으로 노래부르기

영유아들이 동요를 충분히 익혀 익숙하게 된 후에는 원곡을 다양하게 변화시켜 노래 부르기를 하는 것이 좋다. 창의적 표현의 기회를 제공하는 것은 좋은 방법이다.

⑧ 평가 및 격려

영유아의 활동에 대한 교사의 격려는 자신감과 적극적 표현을 이끌어 내는 활력소가 된다. 노래 부르기 활동을 마무리할 때는 전체적으로 활동에 대한 평가의 시간을 가지면서 즐거움을 느낀 부분 등을 이야기해 볼 수 있다(김영주 외, 2014).

(6) 노래 부르기의 중요성과 상호작용 방법

노래 부르기는 유아가 노래와 전래 동요를 등을 부르면서, 리듬과 노래를 즉흥적으로 만들어 보는 등의 다양한 음악 활동을 통해 자신의 생각과 느낌을 표현해 볼 수 있다. 유아는 일상생활에서 흥얼거리고 노래하며 소리를 만들어내는 것을 즐긴다. 다양한 음악 활동은 유아로 하여금 표현의 즐거움을 촉진하여 자발적이고 창의적으로 표현하는 경험을 갖게 하며 유아의 음악성 발달의 기초가 된다는 점에서 중요한 의미를 지닌다.

① 지도 지침 및 유의점

- 유아의 연령, 발달 정도, 흥미를 고려하여 노래를 선정하고 하루 일과 중 다양한 방법으로 듣고 즐겨 부를 수 있는 기회를 제공한다. 만 3세는 노래의 길이가 짧고, 리듬 형식이 반복적이며, 쉽게 따라 부를 수 있는 음정으로 된 친숙한 노래를 즐겁게 불러 보도록 한다. 만 4, 5세는 다양한 장르의 노래, 다른 나라의 동요를 유아의 생각과 느낌에 따라 셈여림, 빠르기, 가사 등의 음악적 요소에 변화를 주거나 문답식 또는 좋아하는 리듬을 삽입하여 자유롭게 노래로 표현하도록 한다. 특히, 만 5세는 노랫말이나 곡의 분위기를 충분히 느끼며 부를 수 있도록 한다.

  예 - "너희들이 '코코코코…' 부분만 불러 보겠니?"
  - "이 노래를 부르며 길을 걷는다면, 발걸음의 빠르기가 어떨 것 같니?"
  - "작사가가 어머니에 대해 어떤 생각을 하며 노래를 만들었을까?"

- 우리 고유의 음악에 관심과 흥미를 느끼고 즐기기 위해서는 음악 활동시간 외에도 하루 일과 중에 자연스럽게 전래동요를 자주 접하도록 한다. 또한 특정 행사나 명절이 되었을 때 관련 사진이나 영상 자료를 보고 이야기를 나눈 후, 전래동요를 배우고 불러 볼 수 있는 경험을 제공한다.
- 만 3, 4세는 반복적이며 쉬운 전래동요를 자주 들려주다가 점차 전래동요와 관련된 전래놀이에 보다 적극적으로 참여할 수 있는 기회를 마련해 주고 주의집중 활동, 바깥놀이 등의 다양한 형태의 활동과 통합하여 경험하도록 한다. 만 5세에게는 빠르기에 변화 주기, 가락과 가사 바꾸기, 전래동요에 맞추어 춤추기 등의 다양한 방법으로 즐기면서 부를 수 있는 경험을 제공한다.

예 "'여우야 여우야'를 부르면서 할 수 있는 전래놀이가 있는데 함께해 볼까?"

- 일상생활의 모든 경험, 생각, 느낌을 즐겁게 리듬과 노래로 만들어 볼 수 있도록 간단한 노래형식으로 인사하기, 의성어 · 의태어 부분을 리듬으로 표현하기, 놀이하면서 즉흥적으로 리듬이나 노래를 만들어 부르기 등의 경험을 제공한다. 이때 교사는 긍정적으로 반응해 주며 유아가 만든 리듬이나 노래를 확장시켜 주도록 한다.

예 - ♩ ♩ ♩ ♩ "엉금엉금" ♬ ♬ "폴짝폴짝"
- "○○가 이렇게 노래하는 것을 들었어. 이 소리가 너무 좋아서 함께 노래로 만들어 보면 어떨까?"

- 만 3세는 놀이 중에 자연스럽게 말놀이를 하거나 즉흥적으로 흥얼거리므로 이를 충분히 즐길 수 있도록 한다. 만 4세는 이미 잘 알려진 친숙한 곡에 간단한 멜로디와 노랫말을 만들어 보는 경험을 제공한다. 만 5세는 음악 활동시간뿐만 아니라 동화, 동시, 극놀이, 움직임 활동 등의 다양한 활동에서 느낌에 따라 즉흥적으로 배경음악을 만들어 보는 경험을 제공한다.

예 - "우리 몸에서 소리를 낼 수 있는 부분을 찾아보고 소리를 내 보자."
- "'한 마리, 두 마리' 부분에 친구들 이름을 넣어서 불러 보자."
- "동시에서 비가 내리는 부분을 노래로 표현해 보자."

③ 연령별 활동 예시

노래 부르기 활동

만 3세	만 4세	만 5세

유아의 이름, 좋아하는 동물과 색, 잠자기, 이 닦기 등의 유아와 친숙한 내용의 단순한 노래를 듣고 즐겁게 불러 본다.	여러 종류의 노래를 다양한 방법(예: 문답식으로 부르기, 다양한 목소리로 부르기, 좋아하는 리듬을 삽입하여 부르기 등)으로 부르며 자신의 생각과 느낌을 표현해 본다.	노랫말에 나타난 감정을 느껴보고 노래와 어울리는 움직임을 표현하며 곡의 분위기를 느낀 후, 셈여림, 빠르기, 높낮이, 박자 등의 음악적 요소에 변화를 주어 생각과 느낌을 표현해 본다.

출처: 보건복지부(2014).

전래동요 부르기 활동

만 3세	만 4세	만 5세

반복되는 리듬이나 간단한 노랫말로 이루어진 '두꺼비' 전래동요를 놀이와 함께 즐겨 부른다.	'대문놀이' 전래동요를 익히고 연관된 전래놀이를 해 본다.	'강강술래'의 빠르기, 가락, 가사에 변화를 주거나 전래 동요에 맞춰 춤추기 등의 다양한 방법을 활용하여 흥겨운 분위기와 흐름을 느끼며 전래동요를 불러 본다.

출처: 보건복지부(2014).

활동예시 **노래하는 숲속**

목표	• 노래를 통해 자연의 다양한 소리를 경험한다. • 노래 부르기에 즐겁게 참여한다. • 자연의 소리에 관심을 가진다.

가. 활동 자료

다양한 자연의 소리, 가사판, 악보, 그림 자료, PPT (노래하는 숲속)

나. 활동 방법

1) 숲속을 산책 했던 경험을 회상한다.
   - (산책 했던 숲 사진을 보며) 이곳은 어디니?
   - 숲을 산책하며 무엇을 했니?
   - 숲에서 어떤 소리를 들을 수 있었니?
2) 노래를 소개한다.
   - 우리들이 이야기 나누었던 자연의 소리를 노래로 불러 보자.
   - 피아노 소리에 맞추어 한음으로 노래한다.
   - 노랫말을 넣어 노래를 부른다.
   - 노래가 익숙해질 수 있도록 다양한 방법으로 노래를 불러 본다.
3) 노랫말에 맞는 동작을 만들어 노래와 함께 율동해 본다.
   - 나뭇잎 소리는 어떤 동작으로 표현할 수 있을까?
     (두 손을 위로 흔들어 나뭇잎을 흉내 내요.)
   - 산 이슬 소리는 어떤 동작으로 표현할 수 있을까?
     (손바닥을 산 모양으로 만들어 산 이슬 소리를 표현해요.)

다. 활동의 유의점

1) 사전에 자연의 소리에 대한 경험을 충분히 이야기한다.
2) 유아들이 경험하지 못한 소리는 동영상을 준비하여 제시한다.

라. 활동 평가

1) 노래를 즐겁게 부르는지 평가한다.
   가) 즐겁게 노래를 부르는가?
2) 자연의 소리에 관심을 가지는지 평가한다.
   가) 자연의 소리에 관심을 갖는가?

마. 확장 활동

1) 노랫말을 바꾸어 불러 본다.
2) 노랫말에 나오는 소리 듣고 해당 그림을 찾아오는 게임으로 확장한다.
3) 음률 영역에 다양한 악기를 비치해 주고 악기 연주를 한다.

노래하는 숲속

손영옥 작사
진동주 작곡

활동자료 출처: 보건복지부(2013). 4세 누리과정에 기초한 어린이집 프로그램 교사용 지도서.

3) 악기 다루기 및 악기 만들기

악기 다루기는 악기 탐색하기, 악기 만들기, 악기 연주하기 등의 활동들이 진행될 수 있으며 이를 위해서는 다양한 소리를 들어보는 소리탐색의 활동들이 선행되어야 한다. 따라서 악기 다루기는 음악감상하기의 소리듣기 부분과 연계해 소리 만들기 활동이 진행될 수 있으며, 소리 만들기란 쉽게 구할 수 있는 물체로 생활 속에서 충분히 경험할 수 있는 기본적 활동이다.

영유아는 소근육 발달이 자유롭지 않아 간단한 리듬악기부터 경험하도록 하는 것이 적합하고 다양한 듣기 경험이 많아야 하므로 다양한 종류의 악기에 노출되도록 해야 한다.

악기는 소리의 장단, 강약, 고저, 음색 등의 음악적 개념과 더불어 소리의 발생이나 전달 등의 과학적 개념, 미술, 연극 등 예술에 걸쳐 통합적 경험을 제공할 수 있다. 영유아들은 악기 활동을 통해 음악을 더 가깝게 느끼고 스스로 음악을 만들어 내는 데서 기쁨과 성취감을 얻는다. 친구와의 합주경험은 협동심, 단결력 등 사회성을 향상시키는 좋은 기회가 될 수 있으므로 악기 다루기는 영유아 음악교육에서 매우 중요하다.

(1) 악기 다루기 및 악기 만들기의 내용

① 악기 다루기

영유아의 악기 다루기 능력은 신체발달과 밀접한 관계가 있다. 김명순과 조경자(1998)는 영유아들에게 적합한 악기 다루기 활동은 악기 소리나 모양, 연주하는 방법에 대한 탐색 후 실제 리듬악기나 가락악기를 중심으로 지도하는 것이라고 보고 있다. 따라서 영유아들에게 가락악기보다는 다루기 쉽고 소리내기 쉬운 리듬악기를 먼저 제공하며 경험해 보도록 한다. 또한 영유아의 신체발달을 고려하여 너무 큰 악기나 무거운 악기는 피하는 것이 좋다. 악기의 종류는 리듬악기류, 현악기류, 우리나라 전통악기류, 다른 나라 전통악기류 등이 있다.

※ 악기 다루기 활동 시 교사가 고려할 점

- 악기 연주방법을 정확히 숙지하고 악기를 탐색하는 다양한 방법을 고안한다.
- 교사가 악기를 정확하게 연주하는 모습을 보여 준다.
- 악기를 소중히 다루는 모습을 보여 주어 악기를 소중히 다루는 태도를 가지도록 지도한다.
- 악기 구조의 과학적 원리를 탐색할 기회를 제공한다(예: 피아노 뚜껑 열어 보기 등)
- 소리의 크기가 다양한 악기들을 비치한다.
- 자유롭게 다양한 악기를 탐색할 분위기를 형성한다.

| 표 15 | **영유아기에 다룰 수 있는 악기들**

〈리듬악기류〉

	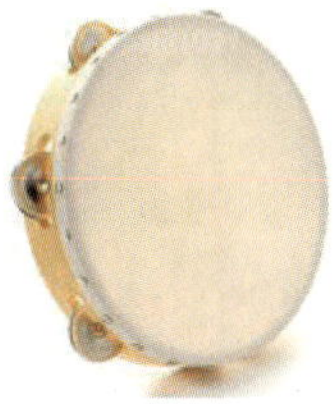		
마라카스	탬버린	캐스터네츠	귀로
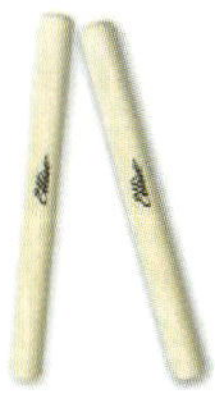			
리듬막대	손목방울	톤블록	트라이앵글

큰북	작은북	롤리 팝드럼	우드블록

〈가락악기류〉

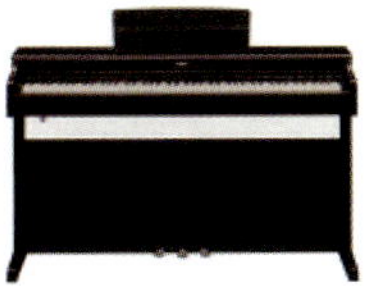		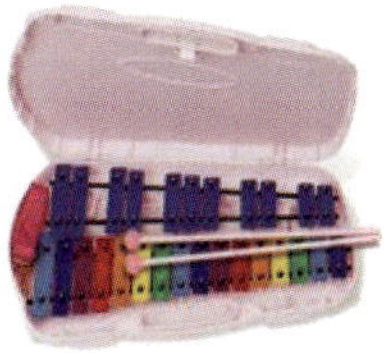	
피아노	전자오르간	실로폰	스텝 벨

〈현악기류〉

	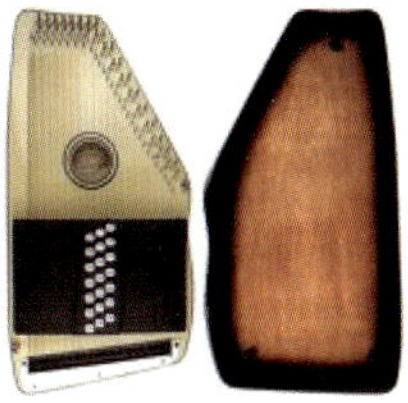		
기타	오토하프	만돌린	우쿨렐레

바이올린	첼로		

〈목관악기류〉

피콜로	플루트	클라리넷	바순

〈금관악기류〉

				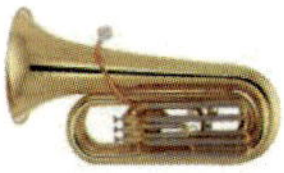
트럼본	호른	트럼펫	색소폰	튜바

〈우리 나라 전통악기류〉

		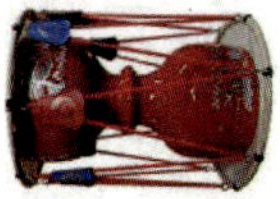		
꽹과리	소고	장구	북	징

〈다른 나라 전통악기류〉

페루의 '팬파이프'	인도네시아의 '가믈란'	인도의 '타블라'	인도의 '시타르'

오스트레일리아의 '디제리두'	러시아의 '발랄라이카'	스위스의 '알펜호른'	스코틀랜드의 '백파이프'

이상에서 제시한 악기 이외에도 영유아들이 악기에 대해 관심을 보일 때 가까운 악기 가게에 견학을 가서 다양한 악기들을 직접 보고 소리를 들어보도록 할 수 있다.

② 악기 만들기

대부분의 영유아들은 악기에 대해 많은 관심을 가지고 악기를 다루며, 연주하고, 때로는 악기를 직접 만들기도 한다. 악기에 대한 활동들은 주로 교사가 주도하는 대집단 형식의 악기 탐색 및 악기 다루기 중심으로 이루어지고 있으며, 영유아가 음악적, 과학적으로 악기에 대해 탐구하기보다는 '노래 부르기' 활동에 리듬악기를 부분적으로 활용하거나 조형 활동 영역에서 악기의 외적인 모양을 꾸미는 것에 초점을 맞추어 악기를 만든다(김소향·안경숙, 2009).

사실 악기 만들기는 영유아가 능동적으로 소리를 탐색하면서 악기 만들기를 하는 것이다. 즉 음높이에 대한 인식, 음색의 차이, 소리의 세기 등 음의 개념과 요소를 고려하여 악기 만들기 활동이 진행되어야 한다. 이를 위해서는 악기를 만들기 전에 어떤 재료로 어떤 소리를 내는 악기를 만들고 싶은지 설계도를 그림으로 그려보도록 안내하고, 악기를 만들어 보도록 격려할 필요가 있다. 또한 쌓기영역 등을 이용하여 유아가 만든 악기를 전시해 줄 수 있다. 재활용품을 활용한 악기 만들기의 예를 제시하면 다음과 같다.

〈유아가 만들 수 있는 재활용품 악기의 예〉

- 분유깡통으로 드럼 만들기
- 음료수 캔을 이용한 다양한 소리의 마라카스 만들기(쌀, 콩, 구슬, 클립, 단추, 모래 등)
- 방울을 이용한 징글벨 만들기
- 냄비 뚜껑을 이용한 심벌즈 만들기
- 둥근 과자통으로 오션 드럼 만들기
- 못과 긴 원통으로 레인 스틱 만들기

| 표 16 | 재활용품으로 만든 악기

	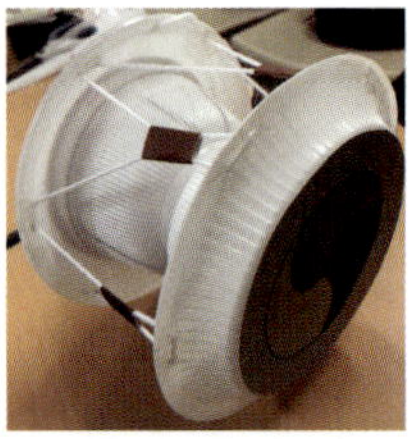	
마라카스	장구	캐스터네츠

북	탬버린	북

(2) 악기 다루기와 악기 만들기 교수-학습 방법

영유아의 악기 다루기는 악기의 리듬악기 다루기와 가락악기 다루기 및 리듬 합주의 단계까지 발전된다. 영유아가 리듬악기를 다루기 위해서는 먼저 신체를 통해 간단한 리듬을 익히도록 한다. 예를 들면, 기본 리듬카드를 읽으면서 손뼉 치기나 발 구르기로 접근할 수 있다. 이것이 익숙해지면 손뼉 치기나 발 구르기 대신에 리듬악기로 연주할 수 있도록 유도한다. 처음에는 4분 음표나 4분 쉼표 등을 이용한 4박자 정도의 간단한 리듬형을 연습해 보고 익숙해지면 차차 2분 음표와 8분 음표 등을 도입하며 다양한 리듬형을 익힌다(임혜정, 2013). 악기로 연주할 때에는 소리의 조화가 필요하므로 영유아들이 다른 영유아의 악기 소리에 귀를 기울이며 자기 소리를 조절할 수 있도록 지도해야 한다.

(3) 악기 다루기의 중요성과 상호작용 방법

악기 다루기는 영유아가 노래와 전래동요를 부르면서, 리듬악기를 연주하며, 리듬과 노래를 즉흥적으로 만들어 보는 등의 다양한 음악 활동을 통해 자신의 생각과 느낌을 표현해 볼 수 있다. 영유아는 일상생활에서 흥얼거리고 노래하며 소리를 만들어내는 것을 즐긴다. 다양한 음악 활동은 영유아로 하여금 표현의 즐거움을 촉진하여 자발적이고 창의적으로 표현하는 경험을 갖게 하며 영유아의 음악성 발달의 기초가 된다는 점에서 중요한 의미를 지닌다.

① 지도 지침 및 유의점

- 리듬감각을 기르고 리듬악기를 연주하는 능력을 발달시키기 위해서 만 3세는 신체 일부분을 사용하여 여러 가지 소리를 만들고 리듬을 경험하도록 한다. 만 4세는 보다 다양한 종류의 리듬악기, 폐품으로 만든 악기, 주변의 사물 등을 활용하여 소리를 탐색하고 구별하며, 리듬을 만들거나 연주하도록 한다. 만 5세는 친숙한 노래에 맞추어 박자 치기, 짧은 리듬 패턴을 듣고 따라 치기, 사물의 특징에 따라서 리듬 등에 변화를 주어 소리 만들기 등 다양한 방법으로 악기를 연주할 수 있는 기회를 제공한다.

  예 - "우리 몸의 어떤 부분으로 시계 소리를 만들 수 있을까?"
  - "트라이앵글과 우드 블록의 소리는 어떻게 다르니?"
  - "'요들송'에 맞춰 손뼉을 치려면 어떤 빠르기로 칠 수 있을까?"

- 영유아에게 적합한 악기로는 탬버린, 트라이앵글, 우드 블록 등과 같이 고유의 음색을 갖고 있으며 소리 탐색이 쉽고 간단한 리듬 형태를 만들어 볼 수 있는 악기를 제공하는 것이 좋다. 악기를 제시할 때는 한 번에 하나씩 자연스럽게 소개하는 것이 바람직하다.
- 처음 악기를 접하는 영유아에게 합주를 가르치거나 동요 전체를 악기로 연주하도록 강요하기보다, 영유아가 자유롭고 허용적인 분위기에서 자연스럽게 소리를 탐색하고 표현할 수 있도록 한다. 또한 합주하거나 연주할 때는 그림부호나 색 등으로 악보를 표시하여 유아의 이해를 돕는다.
- 자연스럽게 소리를 탐색하고 표현할 수 있도록 충분한 시간을 제공하고 다른 영역과 분리된 독립된 공간을 구성한다. 음악 영역은 활동적이며 소음이 많은 영역이기 때문에 쌓기놀이 영역이나 역할놀이 영역 가까이에 위치

하는 것이 좋으며, 낮은탁자에 악기를 놓고 선반 등을 이용해서 영역의 경계를 만든다.

② 연령별 리듬악기를 이용한 활동과 리듬과 노래 만들기 활동 예시

■ 리듬악기를 이용한 활동

만 3세	만 4세	만 5세
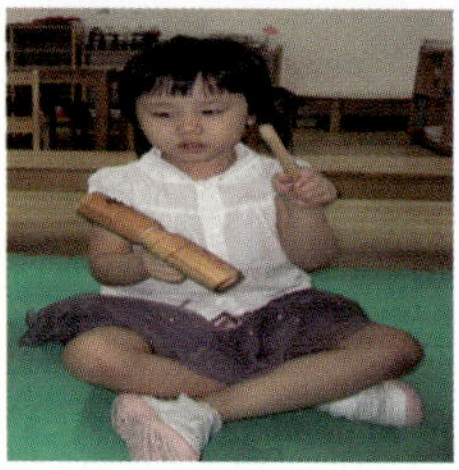		
간단한 리듬악기를 이용하여 시계 소리를 만들어 소리를 탐색한다.	다양한 악기(예: 리듬 악기, 폐품으로 만든 악기 등)의 소리 내는 방법을 탐색해 보고 친숙한 노래에 맞춰 즐겁게 연주해 본다.	다양한 악기(예: 리듬 악기, 폐품으로 만든 악기 등)의 소리 내는 방법을 탐색해 보고 음악적 요소(예: 속도, 리듬, 강약 등)에 변화를 주며 즐겁게 연주해 본다.

출처: 보건복지부(2014).

■ 리듬과 노래 만들기 활동

만 3세	만 4세	만 5세
		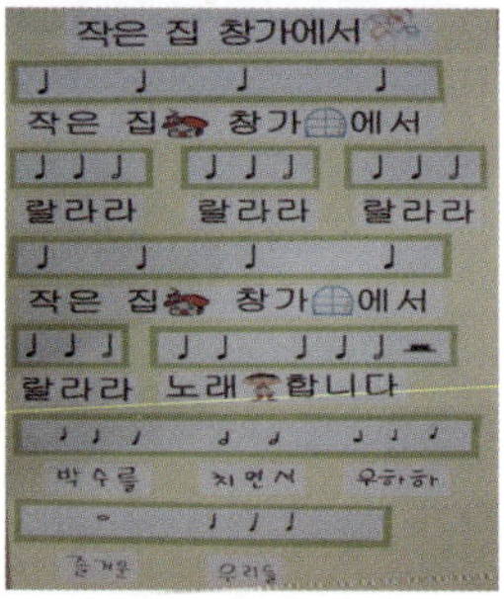
'작은집 창가에서' 노래에 맞춰 손뼉을 치며 간단한 리듬(예: 짝짝, 짝짝 짝짝)을 만들어 본다.	'작은집 창가에서' 노래를 불러 보고 후렴구 '랄라라' 부분을 다양한 리듬으로(예: 라-라라, 라--라, 랄랄랄라 등) 바꾸어 본다.	'작은집 창가에서' 노래를 불러 보고 노래의 뒷부분에 연결되는 가사와 리듬을 창의적으로 만들어 본다.

출처: 보건복지부(2014).

활동예시 **우리들의 연주회**

목표	• 다양한 악기의 소리와 리듬을 탐색한다. • 박자와 리듬에 맞춰 악기 연주를 한다. • 함께 협력하여 다양한 리듬악기로 연주한다.

가. 활동 자료

악보 '우리들의 연주회', 음원 '우리들의 연주회', 리듬악기 두 세트(트라이앵글, 캐스터네츠, 마라카스, 탬버린, 소고, 북), 작은 악기사진 코팅카드, 신체악기그림

〈여러 가지 악기 사진〉

나. 활동 방법

1) 음률 영역의 리듬악기들을 보며 명칭과 소리 내는 방법에 대해 이야기 나눈다.
   - 음률 영역에 어떤 악기들이 있니?
   - (트라이앵글, 캐스터네츠, 마라카스, 탬버린, 소고, 북을 보며) 이 악기 이름은 뭘까?
   - 어떻게 소리를 낼 수 있을까? 또 다른 방법으로 소리 내는 방법은 무엇일까?
   - 어떻게 잡고 흔들어야(치고, 두드리고, 부딪치고) 소리가 더 잘 날까?
2) 노래 자료를 보며 교사의 선창을 들어본다.
   - 음률 영역의 악기들로 다 함께 연주해 볼까?
   - (노래 자료를 보며) 너희들이 함께 악기연주를 하기에 딱 좋은 노래가 있단다.
   - 어떤 노래인지 선생님이 불러 볼 테니 잘 들어보자. 들어보니 어떠니?

우리들의 연주회

양이슬 작사
양이슬 작곡

3) 노랫말을 알아보며, 어떤 악기로 연주하면 좋을지 정한다.

- 노랫말을 알아보며 어떤 악기가 어울릴지 생각해보자.
- '딩가딩 딩가딩'은 어떤 악기가 어울릴까? '짠짠짠'은? '통통통'은?
- '또로롱 또로롱'은 어떤 악기가 어울릴까? '찰찰찰'은? '퉁퉁퉁'은?

4) 노래 자료의 노랫말 아래에 연주할 작은 악기그림 카드를 붙인다.

- '딩가딩 딩가딩'('또로롱 또로롱')에 ~악기를 몇 번 치면 좋을까?
- '짠짠짠'('통통통', '찰찰찰', '퉁퉁퉁')에 ~악기를 몇 번 치면 좋을까?

5) 연주할 악기를 정한다.

- ~악기는 누가 맡아서 연주 해보고 싶니? ~악기는?
- 연주할 악기를 맡은 사람들은 앞에 나와 보자.

6) 노래 자료를 보며 악기연주를 한다.

- 앞에 나와 있는 사람들이 악기 연주할 동안 나머지 사람들은 노래를 불러 주자.
- (악기 연주 후) 악기를 연주해보지 않은 친구에게 악기를 건네주겠니? ~악기를 맡아서 연주할 사람?

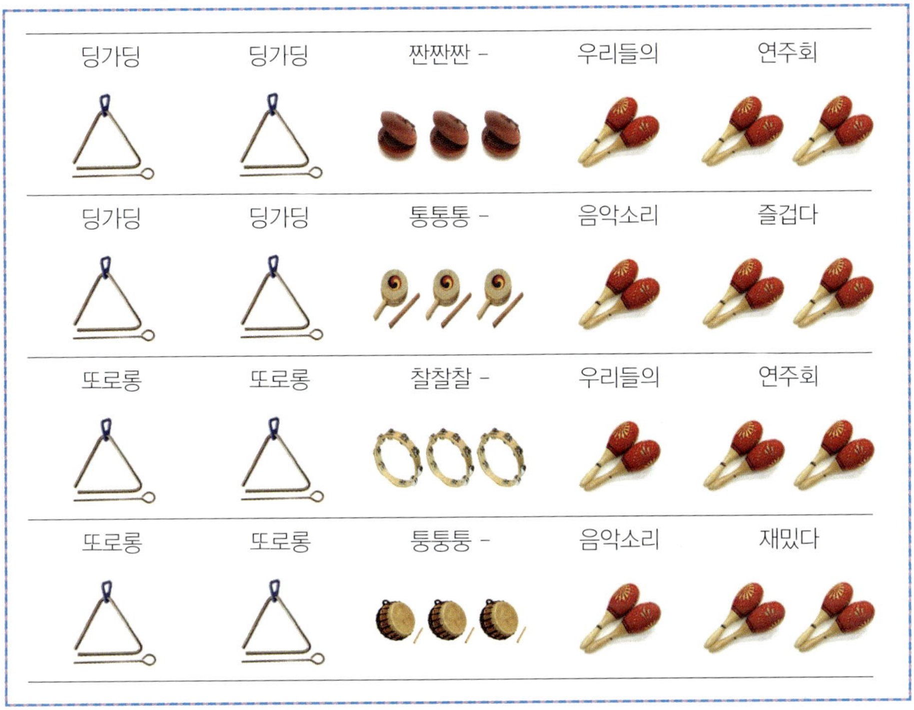

7) 노래와 함께 악기연주를 한 후 활동에 대한 평가를 한다.

- 악기를 맡아 연주하면서 노래를 불러 보니 어땠니?
- 악기연주를 더 해보고 싶은 사람은 자유선택활동 시간에 어느 영역에서 하면 될까?

다. 활동의 유의점

1) 새로운 노래를 쉽게 익힐 수 있도록 자유선택활동 시간이나 점심 시간에 곡을 틀어 준다.
2) 교사는 악기 연주할 차례인 유아에게 눈짓 또는 손짓으로 차례임을 알려준다.
3) 집단을 둘로 나누어 노래와 악기연주를 번갈아 해보도록 한다.
4) 노래자료 제작 시, 연주할 악기그림이나 사진을 붙일 수 있도록 노랫말의 줄 간격을 넓게 한다.
5) 장애통합을 할 경우, 장애유아에게 익숙한 악기나 관심을 가지는 악기를 탐색할 수 있는 시간을 미리 충분히 주도록 한다.

라. 활동 평가

1) 다양한 악기의 소리와 리듬을 탐색하는지 평가한다.
2) 각자 맡은 악기로 박자와 리듬에 맞춰 연주하는지 평가한다.
3) 함께 협력하여 악기연주를 잘 하는지 평가한다.

마. 확장 활동

1) 악기종류에 따른 소리로 노랫말을 바꾸어 부르며 악기연주를 해 볼 수 있다.
2) 악기로 연주하는 부분의 리듬만 바꾸어 연주할 수도 있다.
   예 딩딩가딩 딩딩가딩 짠짠짠짠짠-, 딩디리가딩 딩디리가딩 짠짜라짠짠짠
3) 상품화된 악기 이외에 신체악기로 연주해본다. 또는 모둠으로 나누어 상품화된 악기와 신체악기와 함께 연주할 수도 있다.

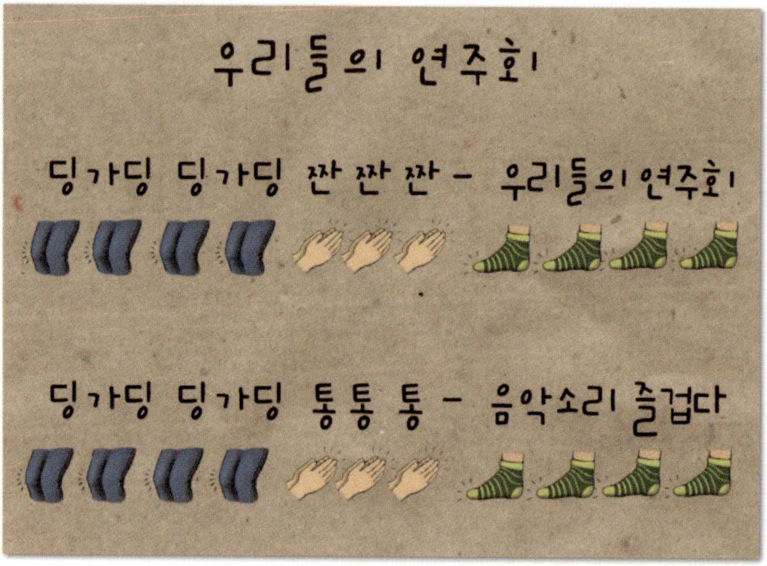

〈신체악기 연주의 예〉

활동자료 출처: 보건복지부(2013). 4세 누리과정에 기초한 어린이집 프로그램 교사용 지도서.

4) 음악감상하기

음악감상하기는 영유아의 듣기 능력의 발달 및 음악적 개념 형성에 매우 중요한 내용으로서, 음악적 경험의 기초를 제공할 수 있다(안재신, 2004). 영유아기에 다양한 음악을 듣고 음악에 대해 반응하도록 이끌어 줌으로써 영유아의 음악적 능력을 길러 줄 수 있다(문혜연, 2002).

(1) 음악감상하기의 목표

음악감상하기에서는 자연과 다양한 예술작품을 자연스럽게 감상함으로써 아름다움을 인식하고, 다른 사람의 예술적 작품을 이해하고 존중할 수 있도록 하는 데 목표가 있다(교육과학기술부, 2013). 음악감상하기는 영유아에게 어떤 곡을 감상하게 하느냐보다 어떤 자극으로 흥미를 느끼게 하여 음악을 잘 듣게 할 수 있는가의 방법이 더 중요하다. 그러므로 억지로 앉혀서 음악을 듣게 하는 것보다 생활주제와 음악적 개념을 고려한 시청각 자료를 이용하거나 놀이와 연결시켜 단계적으로 지도하는 것이 바람직하다(Campbell & Scott-Kassner, 2002).

(2) 영유아기에 적절한 음악감상 내용

다양한 형태와 양식의 음악을 듣는 것은 영유아의 듣기 발달과 음악에 대한 흥미, 선호의 증진에 매우 유익하다. 질이 좋은 CD 플레이어 등을 구비하여 음질이 좋은 곡을 들려주는 것이 중요하다. 기회가 된다면 생동감 있는 실제 연주를 감상할 기회를 제공하는 것도 필요하며, 대중매체를 통해 영유아가 좋아할 다양한 장르의 음악을 지속적으로 듣도록 기회를 제공할 수 있다. 영유아들에게 음악을 들려줄 때 영유아가 싫증 내기 시작하면 바로 그때 음악 듣기를 중지하는 것이 바람직하다.

영유아기에 어떠한 음악을 들려주어야 하는가에 대해 대체로 많은 사람들이 인정하는 고전음악을 들 수 있다. 그러나 반드시 고전음악만을 들려주기보다는 다양한 종류와 장르의 음악을 들려줄 필요가 있다. 예를 들면, 록이나 팝 음악, 연극이나 영화 음악, 춤이나 행진곡, 전자음악, 종교음악, 경축일 음악, 그 밖의 다른 문화권의 음악 등을 들려준다(Greenberg, 1979).

■ 영유아가 감상하기에 좋은 여러 장르의 곡

• 이야기가 있는 곡

클래식 음악 동화 〈피터와 늑대〉를 안데르센 상 수상작가인 요르크 뮐러의 색다른 아이디어와 생생한 삽화를 통해 재해석하여 그려낸 그림책이다. 원작인 〈피터와 늑대〉는 1936년 러시아의 작곡가인 세르게이 프로코프예프가 직접 글을 쓰고 곡을 붙인 것으로, 어렸을 때 어머니에게 들었던 늑대 이야기를 토대로 꾸며졌다고 한다. 지금은 세계 여러 나라에서 뮤지컬과 연극, 애니메이션 등으로 사랑받는 그림책이다.

프로코피예프의 『피터와 늑대』
세르게이 프로코피예프 지음 |
김하연 옮김 |
베틀북 | 2006. 04. 25.

• 성악곡: 교육과정의 주제와 관련된 곡이면 더욱 좋음
  예 봄에 피는 꽃 주제 - 목련꽃 그늘 아래서

• 고전음악
  - 타이스의 명상곡(마스네)
  - 동물의 사육제(생상스)
  - 시계 교향곡(하이든)
  - 뻐꾹 왈츠(요나슨)
  - 호두까기 인형(차이콥스키)
  - 증기기관차(프로코피예프) 등

• 우리나라 음악: 우리나라의 독특한 리듬이 특색인 농악, 민요, 사물놀이 등
  예 별달거리, 아리랑 등

• 동요, 만화영화 주제가, 영화음악
  예 〈하울의 움직이는 성〉 등

• 영유아 자신이나 가족이 연주한 음악
• 재즈음악, 행사음악, 종교음악, 다른 나라의 전통 음악 등

(3) 음악감상하기 교수-학습 방법

- 다양한 곡을 듣는 것이 가장 중요한 목적이므로, 음악을 듣고 난 후 영유아에게 언어적으로 반응할 시간을 충분히 주거나, 음악에 맞는 다양한 표현을 하도록 격려한다. 즉, 음악을 듣고 그림으로 표현하기, 음악으로 만든 이야기 꾸미기, 음악에 맞추어 손가락 춤을 추기, 이야기가 있는 음악을 듣고 그 이야기의 뒷부분을 완성하기, 느낌을 기호로 표현해 보기, 스카프를 활용하여 춤으로 표현하기 등 음악을 듣고 느낀 감정에 따라 여러 방법으로 표현하도록 활동을 계획한다.
- 음악 감상곡은 짧고 묘사적이며, 생동감 있고 예술적인 곡을 선정하여 영유아가 듣는 집중력을 증가시키고 폭넓은 음악을 듣도록 자극한다.
- 주변지역사회에서 이루어지는 음악회를 활용하여 생생하게 연주되는 질 높은 음악을 들을 기회를 갖도록 하는 것이 중요하다.
- 주제별로 모아진 시청각 자료와 함께 그에 맞는 곡을 감상하는 것도 영유아의 듣기 집중력을 증가할 수 있는 방법이다. 예를 들면, '동물들의 하품'을 주제로 다양한 동물들의 하품하는 장면을 모으고 생동감 있고 동물들의 하품하는 박자에 맞는 음악과 함께 편집하여 시청각 자료로 활용한다. 시청각 자료보다는 음악 감상을 위한 자료로 개발이 된 시중에서 구입 가능한 CD를 활용하는 것이 보다 음악을 통한 즐거움과 심미적 만족감을 얻기에 바람직하다(유아음률교육 활동자료, 1996).

영유아기는 일생을 통해 모든 종류의 음악에 대한 선호 경향이 가장 개방적인 시기이므로 여러 종류의 음악을 들려주는 것이 바람직하다. 즉 '어떤 종류의 감상곡이 좋은가'보다 '어떤 자극으로 여러 곡을 흥미롭게 듣도록 할 것인가'의 문제가 더 중요하다고 할 수 있다. 그리고 한 가지 곡을 주의 깊게 반복해서 들려주는 것도 좋다. 또한 감상을 하기 위해 유아가 소란스럽지 않게 할 필요는 있지만, 반드시 바른 자세로만 감상하도록 강요하는 것은 좋지 않다. 모두 자유롭게 누워서 음악을 들을 수도 있고, 행진곡의 경우는 걸으면서 음악 감상을 할 수도 있다. 교사는 주제에 따른 다양한 음악을 선택할 수 있어야 하므로 평소에 꾸준히 다양한 음악에 관심을 갖고 자신이 먼저 음악의 아름다움을 느껴 보는 경험을 가져야 한다. 누리과정에서는 유아가 음악, 춤, 미술작품, 극놀이 등을 듣거나 보고 즐기는 활동을 통하여 아름다움을 느끼고 각자의 표현을 존중하며 예술 감상에 지속적인 관심과 흥미를 갖도록 하고 있다. 아름다움에 대한 기준과 취향이 사람들마다 다른 것처럼 개인이 일생을 통해 경험하고 즐길 수 있는 예술의 영역과 깊이는 사람들의 성장 과정에서 접하는 경험에 따라 달라진다. 따라서 유아기의 예술경험은 향후 개인의 인생 전반에 걸쳐 예술적 취향에 영향을 준다는 차원에서 중요한 의미를 지닌다고 제시하고 있다(안경숙·나은숙·김소향, 2013 재인용).

(4) 음악감상하기의 중요성과 상호작용 방법

음악감상하기는 영유아가 음악, 춤, 미술작품, 극놀이 등을 듣거나 보고 즐기는 활동을 통하여 아름다움을 느끼고 각자의 표현을 존중하며 예술 감상에 지속적인 관심과 흥미를 갖도록 할 수 있다. 아름다움에 대한 취향이 사람들마다 다른 것처럼 개인이 일생을 통해 경험하고 즐길 수 있는 예술의 영역과 깊이는 사람들의 성장과정에서 접하는 경험에 따라 달라진다. 따라서 영유아기의 예술경험은 향후 개인의 인생전반에 걸쳐 예술적 취향에 영향을 준다는 차원에서 중요한 의미를 지닌다.

① 지도 지침 및 유의점

- 영유아가 일상생활에서 다양한 음악, 움직임과 춤, 미술작품, 극놀이 등을 자연스럽게 접할 수 있는 기회와 환경을 제공한다. 만 3~4세 유아에게는 보다 일상생활과 관련된 것을 경험할 수 있도록 안내하고, 만 5세가 될수록 점차 다양하고 상징적인 표현까지도 감상할 수 있도록 안내한다. 또한 이

러한 경험에 대한 유아들의 관심을 지원하고 느낌을 서로 소통하고 공유할 수 있는 기회를 제공한다.

- 다양한 예술작품을 보고 느낀 점에 대해 토의하기, 미술관이나 전시회를 관람하기, 지역사회 내 예술가 초대하기, 명화 퍼즐을 통해 전체와 부분 등의 관계알기, 예술적 요소에 따라 작품의 특징을 찾아보고 반응하기, 실제 작품 관람과 전시를 통해 작품에 대한 소중함 느끼기, 자신과 또래의 예술 작품 발표회와 전시회 하기, 예술작품을 재구성하고 변형시켜 보기, 그림 동화책에서 미술적 특성을 찾아보기 등 다양한 방법으로 예술을 감상하고 듣고 보는 즐거운 경험을 제공한다.
- 교사는 생활주제와 관련되고 영유아의 발달특성에 적합하면서 유아의 선호도를 고려한 감상 작품을 선정한다. 만 3세 유아는 단순한 작품을 선호하며 만 4~5세의 유아는 주변생활의 경험과 관련된 사실적 주제를 지닌 작품을 선호한다.
- 예술 작품을 직접 가서 보고, 느끼는 경험을 할 수 없을 경우에는 파워포인트나 책자, 동영상, 오디오 등 작품의 특성을 잘 살리고 질 높은 감상이 가능한 매체를 선택하도록 한다.

■ 다양한 예술 감상활동

만 3세	만 5세

자유선택활동 시간이나 전이활동 시간과 같이 일과 중에 다양하고 친근한 음악들을 주기적으로 들려준다.	세계 여러 나라의 춤을 감상하며 모양, 빠르기, 흐름 등의 움직임과 춤 요소를 탐색해 보고 재미있는 동작, 배경음악, 춤에서 표현하려고 한 것, 연상되는 것 등에 대해 생각과 느낌을 나눈다.

출처: 보건복지부(2014).

■ 나와 다른 사람의 예술 표현 감상활동

만 5세
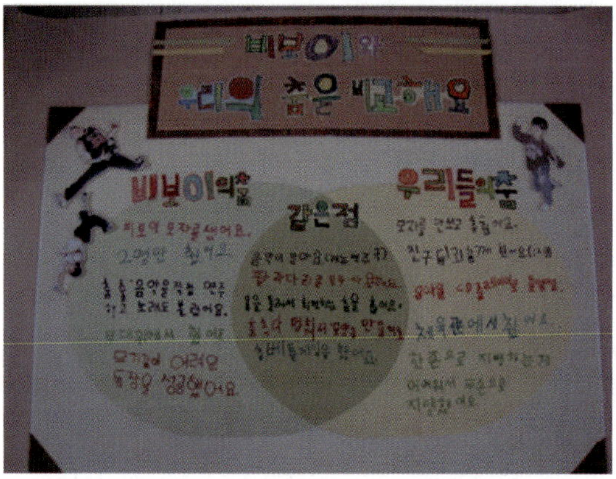
'비보이 춤'을 감상하고 춤에 대해 이야기 나눈 후, 직접 춤을 추어 보고 '비보이의 춤'과 '우리들의 춤'의 같은 점과 다른 점을 벤다이어그램을 이용하여 비교해 본다.

출처: 보건복지부(2014).

| 표 17 | 음악감상의 예

1. 활동 자료: 동물의 사육제 중 '피날레' 악보, '피날레'의 음악감상 그림악보

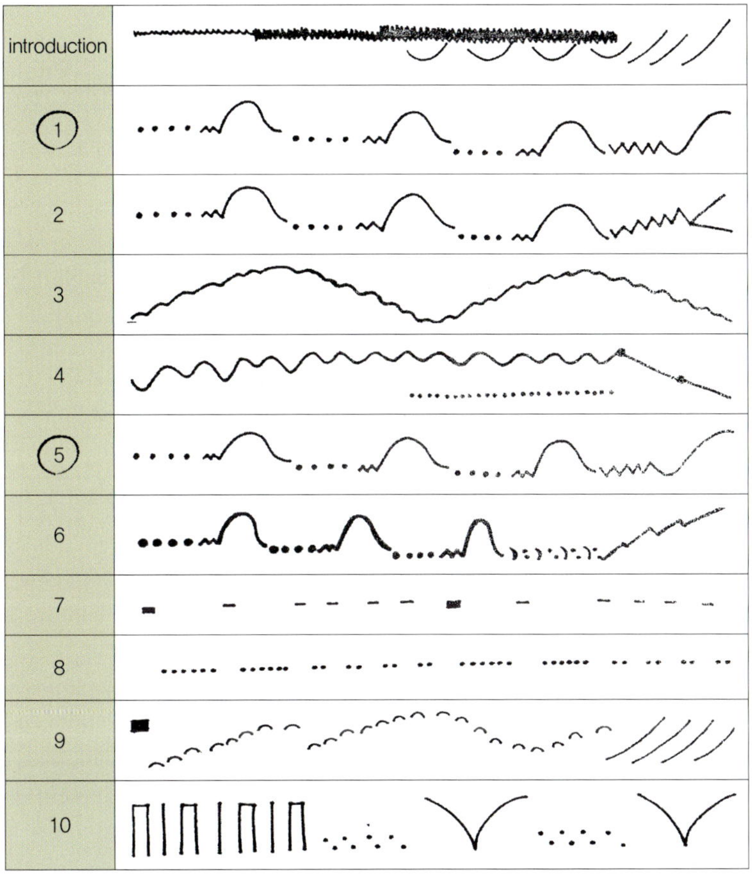

| 그림 2 | 동물의 사육제 중 '피날레'의 음악감상 그림악보

출처: 안재신 외(2002). 교육과학사

2. 활동 방법의 예시: 생상스의 '동물의 사육제' 중 '피날레' 음악감상하기

- 생상스의 '동물의 사육제' 중 마지막인 '피날레'에는 유머와 익살이 넘치던 (사자, 수탉, 당나귀, 거북, 코끼리, 캥거루, 물고기, 당나귀, 뻐꾹새, 새, 피아니스트, 화석, 백조) 지금까지 등장했던 모든 주인공들이 등장하면서 피날레를 장식하는데, 등장했던 모든 주인공들의 특징을 생각하면서 음악감상을 해 본다.
- '피날레' 부분의 악보를 보면서 생상스의 '동물의 사육제' 중 '피날레' 음악의 흐름을 이해하고, 음악에 대한 느낌을 음악 그림악보를 보며 음악의 흐름을 손으로 따라 해 본다.

활동예시 **우리의 노래 아리랑**

목표	• 아리랑 노래에 관심을 갖고 감상한다. • 우리의 노래 아리랑을 부른다.

가. 활동 자료

아리랑 음원, 아리랑 노래 노랫말 판

나. 활동 방법

1) 아리랑 노래를 들어보고, 노랫가락에 대해 이야기를 나눈다.
   - 이 노래를 들어본 적이 있니?
   - 아리랑 노래를 들으니 어떤 것이 떠오르니?
   - 노래를 들으니 어떤 느낌이 드니?
2) 아리랑 후렴구만 불러 본다.
3) 음악에 맞추어 함께 불러 본다.
4) 아리랑 노래를 부르고 난 후, 느낌과 생각을 나눈다.
   - 아리랑을 불러 보니 어떠니?

다. 활동의 유의점

1) 아리랑 노랫말의 내용을 알 수 있도록 그림 자료를 제시해 준다.
2) 노랫말을 정확하게 이해하고 부르도록 지도하기보다는 흥겹게 흥얼거리며 불러 볼 수 있도록 격려한다.

라. 활동 평가

1) 아리랑 노래에 관심을 갖고 감상하는지 평가한다.
2) 우리의 노래 아리랑을 부를 수 있는지 평가한다.

마. 확장 활동

1) 언어 영역에 아리랑 유래가 담긴 동화를 배치하여 유아들이 감상해 볼 수 있도록 한다.
2) 아리랑 노래를 흥겨운 움직임과 춤으로도 표현해 본다.

〈교사를 위한 도움말〉

민요란 옛날부터 서민들 사이에서 불려오던 전통적인 노래를 말한다. 서민들의 노래인 만큼 민요가 불린 지방의 특성에 따른 삶의 모습과 정서가 잘 반영되어 있다. 아리랑도 바로 이러한 민요의 하나로, 남녀노소 누구에게나 널리 불려진다. 아리랑은 2012년 12월 유네스코 제7차 무형유산위원회에서 인류문화유산으로 확정되었다.

- 아리랑의 장단

  아리랑은 흥겨우면서도 구슬프고 처량한 듯하면서도 힘 있게 느껴지는 노래이다. 그것은 노래에 반영된 우리 민족의 삶이 그러했기 때문이고, 아리랑의 장단 또한 이와 어울리는 세마치장단을 기본으로 하기 때문이다. 세마치장단은 보통 빠른 4분의 6박자 또는 8분의 9박자인 국악 장단의 하나로, 정선 아리랑, 밀양 아리랑, 진도아리랑, 본조 아리랑 등도 역시 세마치장단이다.

- 아리랑의 종류

  아리랑은 민중들 사이에 입에서 입으로 전혀 내려온 민요이기 때문에 악보가 따로 없다. 그래서 지역마다 특성에 맞는 음이 만들어졌고 그 음과 상황에 맞게 가사가 붙여진다. 그래서 아리랑의 종류는 지방에 따라 다양하다. 그 중 '정선아리랑', '진도아리랑', '밀양 아리랑'은 오늘날 3대 아리랑으로 꼽힌다.

- 정선아리랑

  가사가 여러 편으로 긴 장절 형식의 노래로 엮음 노래라고도 한다.

"아우라지 뱃사공아 배 좀 건네주게
싸리골 올동박이 다 떨어진다
떨어진 동박은 낙엽에나 쌓이지
잠시 잠깐 님 그리워 나는 못 살겠네
아리랑 아리랑 아라리요
아리랑 고개 고개로 나를 넘겨주게
개구리란 놈이 뛰는 것은 멀리 가자는 뜻이요
이내 몸이 웃는 뜻은 정들자는 뜻일세
왜 생겼나 왜 생겼나 네가 왜 생겼나
남의 눈에 꽃이 되도록 네가 왜 생겼나
(후렴) 아리랑 아리랑 아라리요 아리랑 고개 고개로 나를 넘겨주게"

- 진도아리랑

  남도 고유의 떠는 소리와 꺾는 소리가 잘 나타나는 노래이다.

"문경새재는 웬 고개인고
구부야 구부구부가 눈물이로구나
아리 아리랑 쓰리 쓰리랑 아라리가 났네
아리랑 응응응 아라리가 났네"

- 밀양아리랑

  경상도 지방에서 불리는 아리랑으로 경쾌하고 생동적인 노래이다.

"날 좀 보소 날 좀 보소 날 좀 보소
동지섣달 꽃 본 듯이 날 좀 보소
아리 아리랑 쓰리 쓰리랑 아리리가 났네
아리랑 고개로 날 넘겨주소"

활동자료 출처: 보건복지부(2013). 4세 누리과정에 기초한 어린이집 프로그램 교사용 지도서.

5) 음악 만들기

음악 만들기는 영유아가 놀이 활동을 하면서 즉흥적으로 노래를 만들어 부르거나 악기를 자신의 방식대로 연주하거나 목소리와 악기로 음악적 아이디어를 표현해내는 것을 의미한다(MENC, 2005). 영유아기 음악 만들기의 진정한 의미는 "영유아가 놀이 활동을 하면서 즉흥적으로 노래를 만들어 부르거나, 악기를 자신의 방식대로 연주하거나 목소리와 악기로 음악적 아이디어를 표현해내는 것"을 의미한다(MENC, 2005). 특히 영유아들은 창의적 음악 만들기를 통해 의미를 내포하고 있는 상징을 발견하면서 음악적 상징에 관심을 갖게 된다(Flohr, 2005). 창의적 음악 만들기는 즉흥표현 활동이나 즉흥연주 활동의 범주에 속한다고 볼 수 있는데(조효임·김애경,2003), 만 5세 미만의 유아들은 주로 다양한 물체나 도구를 이용하여 소리를 만들거나 자신들이 알고 있는 노래의 가락을 바꾸는 방법 등으로 음악을 만들 수 있다(안경숙·김소향, 2011). 더 나아가 유아들은 의미를 내포하고 있는 상징을 발견하면서 음악적 상징에도 관심을 갖게 된다. 영유아들은 자발적으로 음악을 창작하고 자신이 만든 음악을 발견하면서 자신감을 갖게 된다.

(1) 음악 만들기의 목표

음악 만들기의 목표는 영유아의 창작적·상상적 표현을 격려하고 유도하며, 영유아가 자신의 음악적 아이디어를 다양하게 표현하도록 돕는 데 있다.

(2) 음악 만들기 활동내용

① 소리의 모방 활동

어린 영아들의 음악 만들기의 경우는 소리의 모방으로부터 시작된다. 교사는 어떤 소리 나는 물체를 놓고 영유아 앞에서 '톡톡' 쳐 보이면서 영아가 소리를 만들어 보도록 안내할 수 있다.

예 리듬막대로 리듬치기를 한 후 영유아들이 리듬막대로 똑같이 소리를 모방하도록 하는 놀이(리듬 따라 치기)

예 목소리로 간단한 음정을 만들어 들려주고 유아가 만들어 보도록 하는 놀이. 처음에는 단순히 '솔-미', '솔-미-레'와 같은 음정만 따라 해 보고 익숙해지면 유아들이 변형해 보도록 안내함

② 리듬 만들기

소리 모방하기에서처럼 단순히 교사나 친구의 소리를 모방하는 것이 아니라 영유아 자신이 직접 소리를 만들어 보는 것이다. 영아들의 경우는 즉흥적으로 리듬을 만들어 보도록 하고, 좀 더 연령이 높은 유아들의 경우는 일정한 박의 단위 내에서 리듬패턴을 만들 수 있도록 4박자를 한 단위로 하여 리듬패턴을 만들도록 안내한다.

예 4분 음표 네 개(♩ ♩ ♩ ♩), (♩ ♪ ♪ ♩ ♩) 등

③ 가락 만들기

가락 만들기의 경우도 놀이의 형식으로 접근하면 영유아들이 쉽게 가락을 만들 수 있다. 예를 들면, 어린 영아들의 경우 교사가 질문을 할 때 가락을 넣어서 하고 영유아들의 반응을 이끌어 낼 수 있다.

예 "준비되었나요?"라고 교사가 가락을 넣어서 물으면 영유아들도 같은 가락으로 "준비되었어요."라고 대답할 수 있다. 또는 "안녕하세요?" 같은 인사말이나 영유아의 이름에 가락을 붙여서 주고받는 놀이방식으로 전개할 수 있다.

예 극놀이 형태로서, 노래극으로 진행하면서 대화를 오페라처럼 모두 노래로 해 보도록 지도할 수 있다. 이때 교사는 극놀이의 한 일원이 되어 영유아들의 표현을 이끌어주는 동기 유발 및 모델 제공자의 역할을 수행할 수 있다.

④ 리듬과 노래 등을 즉흥적으로 이용하여 음악 만들기의 예

1. 활동 자료: '참 재미있었지' 악보,

2. 활동 방법의 예시

'참 재미있었지' 노래를 우리 반의 노래로 가사를 바꾸어 불러 볼 수 있다. 우리 반에 어떤 것들이 있는지, 우리 반 친구들은 어떤 모습인지 이야기를 나눈 후, 노래에 알맞게 가사를 넣어 불러 본다.

'피날레' 부분의 악보를 보면서 생상스의 '동물의 사육제' 중 '피날레' 음악의 흐름을 이해하고, 음악에 대한 느낌을 음악 그림악보를 보며 음악의 흐름을 손으로 따라 해 본다.

참 재미있었지

김성균 작사
김성균 작곡

(3) 음악 만들기의 교수-학습 방법

그림악보를 이용하여 노래를 배우거나 음악을 감상한 경험이 있는 영유아들의 경우 자신들의 그림 속에 음악적 상징을 포함시키면서 즉흥적으로 노래를 부르기도 한다. 교사는 영유아가 음악을 창작하도록 돕기 위해 다양한 교수방법을 사용할 수 있다.

첫째, 영유아의 창작적·상상적 표현을 격려하고 유도하며, 주도적으로 놀이하면서 자신의 음악적 아이디어를 다양하게 표현하도록 안내하는 것이 가장 중요하다.

둘째, 목소리나 신체의 소리를 사용하여 창의적인 방법으로 음악을 만들어 보도록 하거나 자신이 좋아하는 것에 대한 노래를 즉흥적으로 만들어 보고, 노래로 질문하여 노래로 대답하는 문답게임의 방법도 영유아들의 음악 창작을 격려할 수 있다(안경숙 외, 2009, 재인용).

셋째, 동시를 소개하고 동시에 리듬이나 가락을 넣어 음악을 만들어 보도록 안내한다. 음악 창작하기와 관련된 활동을 안내할 때 교사는 다음과 같은 사항을 고려할 필요가 있다.

① 영유아가 소리를 만들어 보도록 격려하고 충분한 시간과 공간을 제공해 준다.
② 영유아들이 적극적으로 음악을 만들 수 있도록 격려하여 자신감을 가지도록 한다.
③ 음악 만들기가 더 활발하고 의미 있도록 하기 위해 적절한 상호작용을 통하여 동기 유발을 시킬 수 있어야 한다.
④ 어떠한 경우에도 정답이 있는 것이 아니므로 교사는 어떤 틀을 강요하거나 영유아가 만든 음악을 수정하려고 하지 않는다.

활동예시 **쿵쿵 짝짝! 즐거운 리듬나라**

목표	• 음악을 들으며 여러 가지 도구를 사용해 느낌을 표현할 줄 안다. • 친구들과 즐겁게 놀이에 참여한다.

가. 활동 자료

CD플레이어, 여러 가지 음악CD, 리듬악기 세트, 리본막대, 스카프 등 여러 가지 음률도구

나. 활동 방법

1) 음률영역에 준비한 여러 가지 음악 CD를 들으며 이야기 나눈다.
   - 어떤 느낌이 드니?
   - 무엇이 생각나니?
   - 어떤 악기 소리가 들리니?
2) 음률영역에 준비한 여러 가지 리듬악기와 음률도구들을 보며 이야기 나눈다.
   - 이건 무슨 악기니?
   - 무슨 소리가 나니?
   - 어떻게 하면 소리가 나니?
   - 이건(리본막대) 어떻게 표현하면 좋겠니?
   - 큰 소리가 나는 악기와 작은 소리가 나는 악기를 분류해 볼까?
   - 소리가 나지 않는 도구는 어떻게 사용하면 좋을까?
   - (스카프를 보여 주며) 어떻게 사용하면 좋을까?
3) 음악을 들으며 자신의 느낌을 몸으로 표현하며 소리를 탐색해 보도록 한다.
   - 음악을 들으며 몸으로 느낌을 표현해 볼까?
   - 리듬에 맞게 박수를 쳐 볼까?
   - 세고 여림을 발 구르기와 박수로 표현해 볼까?
   - 높고 낮은 소리는 어떻게 표현해 볼까?

4) 리듬악기를 가지고 음악을 들으며 자유롭게 표현해 보도록 한다.

5) 활동을 한 후 평가를 한다.

- 음악에 맞추어 여러 가지 몸짓으로 표현해 보았니?
- 리듬악기와 다양한 음률도구로 표현해 보니 어떠니?

다. 활동의 유의점

1) CD플레이어의 올바른 사용방법을 알려 준다.

2) 활동에 적당한 음악을 미리 정한다.

3) 활동적인 표현을 원하는 유아들을 위해 안전을 고려하여 유도한다.

라. 활동 평가

1) 음악을 들으며 여러 가지 도구를 사용해 느낌을 표현하는지 평가한다.

2) 친구들과 활동에 즐겁게 참여하는지 평가한다.

마. 확장 활동

1) 음악에 맞추어 리듬악기로 합주를 해 본다.

〈리듬악기와 여러 가지 음률도구로 표현하기〉

활동자료 출처: 보건복지부(2013). 4세 누리과정에 기초한 어린이집 프로그램 교사용 지도서.

6) 노래극 하기

노래극은 음악 감상하기, 노래 부르기, 악기 다루기, 동작을 표현하기를 통합한 총체적 음악교육 활동으로 동화, 동시의 내용 또는 주제에 관련된 내용을 극화하는 창작극이다.

노래극이란 교사가 영유아에게 동화를 들려준 후 동화 속 이야기에 놀이를 삽입해 극화해 보는 활동으로 동화 내용에서 영유아가 흥미 있어 하거나 여러 번 반복되는 부분을 이미 알고 있는 노래 가락에 맞추어 자연스럽게 노래를 부르면서 동작, 표정 등을 이용하여 표현하는 통합적 교육 활동이다.

노래극은 처음부터 대사 없이 작곡되는 오페라와 다르며 음악이 없는 지문 대사가 간간히 삽입되는 오페레타와 다르다. 오페라와 오페레타가 음악에 의한 극이라면 노래극은 이야기를 통한 극이라고 할 수 있다(박혜진, 2001). 노래극은 동화의 이야기 속에 들어 있는 내용, 노래, 신체표현으로 구성되어 있으며 이 구성 요소들은 서로 어우러지면서 진행되는 극놀이 활동이다. 영유아들은 동화의 내용에 따라서 진행되는 대사를 통해서도 노래극의 내용을 전달할 뿐만 아니라 노래나 신체표현, 등장인물의 감정을 잘 나타낼 수 있는 표정 등으로 이야기를 전달할 수 있다. 이와 같은 노래극은 문학적인 요소(동화), 음악적인 요소(노래), 극적인 요소(극놀이), 동작적인 요소(역할에 따른 신체표현), 미술적인 요소(소품 및 의상) 등이 합쳐진 통합적인 교육 활동이라고 할 수 있다.

(1) 노래극의 목표

노래극은 구조화된 전통적인 극놀이와는 달리 영유아가 자발적·창의적으로 극놀이, 동작, 노래, 악기 연주 등에 참여하게 된다. 또한 노래극 활동은 언어, 동작, 미술과 같은 예술적인 교과뿐만 아니라 사회, 과학과 같은 교과와도 통합할 수 있는 통합 활동으로, 영유아의 음악적 능력에 매우 긍정적인 영향을 줄 수 있다(Speake, 1993).

(2) 노래극의 내용

노래극의 경우 미술과 동작을 음악과 통합하여 지도하거나 그림책을 활용한 문학적 접근을 통해서 지도할 수 있다. 교사가 주도적으로 기존의 노래를 활용하여 노래극을 할 수 있도록 안내하기도 하고, 영유아가 창작 이야기를 만들고 이야기에 리듬과 가락을 붙여 유아 주도적인 음악극을 만들 수 있기도 하다(안경숙·김소향·박진성, 2007).

(3) 노래극의 교수-학습 방법

첫째, 노래극에서 창의적으로 노래를 만들어 부르는 활동은 이야기 내용 대신 노래로 극을 이끌어감으로써 무엇보다 영유아의 관심과 흥미, 욕구를 충족시켜야 한다.

둘째, 영유아들이 많이 알고 있는 노래 가락을 이용하는 것이 좋으며, 노래를 선정할 때는 노랫말, 선율, 리듬, 조성, 형식, 음역 등을 고려해야 한다.

셋째, 리듬이 풍부한 동화는 노래극을 하기 적합하며 리듬감은 이야기 속에 내재해 있는 반복적인 요소와 밀접한 관련을 맺고 있다. 반복의 유형은 일반적으로 어휘, 문장, 사건이 반복되거나 때로는 전체 이야기가 반복되기도 하며, 이렇게 반복되는 부분에 노래를 삽입해 극화할 수 있다.

넷째, 노래극의 전체길이는 15~20분 정도 소요되는 것이 적당하다. 지나치게 길면 영유아들이 전체적인 내용을 파악해서 극으로 완성하는 데 어려움을 느낄 수 있어 흥미가 떨어질 수 있다.

다섯째, 노래극의 등장인물이 부르는 노래의 선율은 단조롭고 쉬우며 반복이 있어서 유아들이 배워서 쉽게 부르고 익힐 수 있는 것이 좋다.

(4) 노래극의 중요성과 상호작용 방법

노래극은 유아가 참여하는 다양한 표현 활동들이 서로 통합적으로 이루어지는 활동으로, 유아는 음악, 움직임과 춤, 미술, 극놀이를 통합적으로 경험하게 될 때 자신의 경험을 조직적이고 종합적으로 표현할 수 있게 되며 더욱 풍부한 표현력을 가질 수 있게 된다. 또한 이러한 경험이 일상적으로 반복되면서 유아는 예술 활동 전반에 대해 지속적으로 흥미를 가지고 창의적 표현 과정을 즐기게 된다.

① 지도 지침 및 유의점

- 음악, 움직임과 춤, 미술, 극놀이 등의 각 표현활동을 한 가지 예술 영역 내에서의 통합, 두 가지 이상의 예술 영역 간의 통합, 감상과 표현 활동의 통합으로 경험하도록 한다. 초기에는 한 가지 예술 영역 내에서의 통합으로 시작하여 점차 두 가지 이상의 예술 영역이 통합된 활동을 제공한다.
- 다양한 예술 활동에 참여하며 표현 과정을 즐기고, 통합적 경험을 통해 자신의 생각과 느낌 등을 창의적으로 표현하도록 한다.

  예 - "음악을 들으니 어떤 장면이 생각나니?"
  - "만약 이야기를 만든다면 어떤 이야기를 만들 수 있을까?"
- 주제 전개 시 다양한 예술 활동들이 음률 영역, 미술 영역, 역할놀이 영역, 쌓기놀이 영역 등의 여러 흥미 영역과 다양한 형태의 대소집단 활동, 개별 활동으로 통합되어 전개될 수 있도록 한다.
- 음악, 움직임과 춤, 미술, 극놀이 등의 예술 영역을 골고루 균형 있게 전개한다. 교사의 선호에 따라 특정 영역에 편중된 예술경험이 이루어지지 않도록 주의한다.

■ 음악, 움직임과 춤, 미술의 통합적 표현활동

만 4세	만 5세

세계 여러 나라 음악을 감상한 후 음악에 대한 느낌이나 분위기를 움직임과 춤으로 표현해 본다.	세계 여러 나라 음악(인디언 음악)을 감상한 후 춤에 필요한 민속 의상을 만들고 이를 활용하여 움직임과 춤으로 표현해 본다.

출처: 보건복지부(2014).

활동예시 누가 내 머리에 똥 쌌어?

목표	• 『누가 내 머리에 똥 쌌어?』 동화내용에 대해 이해할 수 있다. • 여러 가지 동물의 특징에 대해 알 수 있다. • '동물농장' 노래 가락을 이용하여 동화내용을 노래로 부를 수 있다.

가. 활동 자료

『누가 내 머리에 똥 쌌어?』 그림동화

나. 활동 방법

도입

〈농장동물에 대해 수수께끼를 내어 주의집중하기〉

1) 농장동물 사진을 일부분만 보여 주며 수수께끼를 내어 유아들의 호기심을 유발한다.
   - 이 동물은 긴 꼬리를 가지고 있고, 사람들이 이 동물을 타기도 하지요. (말)
2) 염소, 소, 토끼, 말, 돼지도 이와 같은 방법으로 수수께끼를 내거나 유아들이 나와서 친구들에게 수수께끼를 낸다.

전개

〈동화 듣고 이야기 나누기〉

1) 동화내용『누가 내 머리에 똥 쌌어?』 동화를 그림동화를 이용하여 들려준다.
   - 동화내용의 줄거리와 사건을 순서대로 회상한다.
   - 동화에 누가 나왔나요?
   - 비둘기(염소, 소, 토끼, 말, 돼지)의 똥은 어떤 모양이었니?
   - 두더지는 어떻게 두더지 머리에 똥 싼 동물을 찾을 수 있었니?
   - 두더지는 한스가 똥을 싼 줄 알고 어떻게 했니?
2) 동화내용 중 재미있는 장면에 대해 이야기 나눈다.
   - 『누가 내 머리에 똥 쌌어?』 동화 중에서 어떤 부분이 가장 재미있었니?
   - 어떤 대사가 가장 기억에 남았니?
   - 유아들이 이야기한 재미있는 장면 또는 대사를 화이트 보드판에 적어 전체 유아들이 볼 수 있도록 한다.

- 어떤 노래 가락을 이용하여 불러 볼 것인지 이야기 나눈다.
- 『누가 내 머리에 똥 쌌어?』 동화를 노래로 부를 때 어떤 노래에 맞추어 불러 보면 좋을까?
- 노래동물 농장에 맞추어서 우리들이 생각했던 재미있는 부분을 노래로 불러 보자
- 유아들이 이미 알고 있는 다양한 노래 가락에 맞추어 재미있었던 장면을 적어 놓은 동화내용을 보면서 함께 노래로 불러 본다.

〈모둠별로 동화내용을 노랫말로 만들어 불러 보기〉

1) 모둠별로 『누가 내 머리에 똥 쌌어?』 동화내용을 가지고 다양한 노래 가락을 이용하여 노랫말을 만들어 본다.
   - 모둠별로 만들었던 노래를 불러 본다.

평가

〈모둠별로 만든 노래 발표하기〉

1) 모둠별로 만든 노래를 친구들 앞에서 발표해 본다.
   - 『누가 내 머리에 똥 쌌어?』 동화로 노래를 만들어서 불렀던 느낌에 대해 이야기 나눈다.
   - 동화를 노래로 만들어 본 느낌이 어떠니?

출처: 김은형(2008).

활동자료 출처: 보건복지부(2013). 4세 누리과정에 기초한 어린이집 프로그램 교사용 지도서.

7) 신체 표현하기

영유아들은 음악을 능동적으로 들으면서 리듬을 신체로 표현한다(Campbell & Scott-Kassner, 2002). 이러한 표현은 영유아가 일상생활에서 자연스럽게 접하게 되는 움직임과 춤에 관심을 가지고 자신의 생각과 느낌을 표현하는 것이다. 즉 영유아는 생활주변의 동물, 식물, 사람, 놀잇감, 탈 것, 도구 등의 활동적으로 움직이는 대상에 대하여 호기심과 흥미를 느끼며, 이를 표현하고자 자신의 신체로 움직임을 만드는 것을 즐긴다.

(1) 신체 표현하기의 목표

신체 표현하기의 목표는 영유아가 음악, 움직임과 춤 등 다양한 활동을 경험해 보는 과정(예: 리듬을 몸으로 표현하는 유리드믹스 활동, 음악을 듣고 창의적으로 신체로 표현하는 활동, 음악에 맞춰 춤을 추는 활동)을 통하여 자신의 느낌과 생각을 자유롭게 표현하도록 하는 것이다.

(2) 신체 표현하기의 내용

신체 표현을 위해서는 영유아의 발달 단계에 적합한 신체 표현을 할 수 있도록 활동을 제공하는 것이 중요하다. 또한 영유아가 움직임에 영향을 주는 모양, 힘, 빠르기, 흐름 등과 같은 요소에 대해 인식하고 이를 적절히 조합하고 응용함으로써 자신의 생각과 느낌을 보다 아름답고 창의적인 움직임이나 춤으로 표현해 보게 한다. 신체 표현하기 활동은 유아에게 풍부한 상상의 기회를 제공하여 새로운 동작의 가능성을 발견하도록 하며, 자유로운 표현을 통해 자기표현 욕구를 충족시킬 수 있도록 하는 점에서 가치가 있다.

(3) 신체 표현하기 교수–학습 방법

신체 표현하기 활동은 음악적 요소와 개념에 상관없이 영유아에게 음악을 들려주고 교사를 따라 하는 방법으로 신체 표현하기 내용을 다루기보다는 음악적 개념의 이해를 돕는 체계적인 교수방법으로 신체 표현하기를 지도해야 한다.

(4) 신체 표현하기의 중요성과 상호작용 방법

신체 표현하기는 영유아가 움직임에 영향을 주는 모양, 힘, 빠르기, 흐름 등과 같은 요소에 대해 인식하고 이를 적절히 조합하고 응용함으로써 자신의 생각과 느낌을 보다 아름답고 창의적인 움직임이나 춤으로 표현해 볼 수 있다. 움직임과 춤을 통해 신체로 표현해 보는 활동은 영유아에게 풍부한 상상의 기회를 제공하여 새로운 동작의 가능성을 발견하도록 하며, 자유로운 표현을 통해 자기표현 욕구를 충족시킬 수 있도록 하는 점에서 가치가 있다.

① 지도 지침 및 유의점

- 영유아가 일상생활에서 다양한 음악, 움직임과 춤을 자연스럽게 접할 수 있는 기회와 환경을 제공한다. 만 3~4세 유아에게는 보다 일상생활과 관련된 것을 제공하고, 만 5세가 될수록 점차 다양하고 상징적인 표현까지도 감상할 수 있도록 한다. 또한 이러한 경험에 대한 유아들의 관심을 지원하고 느낌을 서로 소통하고 공유할 수 있는 기회를 제공한다.
- 예술작품을 직접 가서 보고, 느끼는 경험을 할 수 없을 경우에는 파워포인트나 책자, 동영상, 오디오 등 작품의 특성을 잘 살리고 질 높은 감상이 가능한 매체를 선택하도록 한다.

예 – "(쇼팽의 '빗방울 전주곡'을 감상한 후) 지금 들은 음악은 어떤 느낌이 들었니? 색깔로 표현하면 어떤 색일까? 무슨 악기로 연주한 것 같니?"
– "('백조의 호수' 발레공연 영상을 감상한 후) 내가 백조라면 어떻게 춤을 추었을까? 음악에 맞춰 몸을 움직여 보자"

- 영유아가 또래나 다른 사람과 예술 표현의 차이가 있음을 알고, 각자의 개성과 예술 표현을 존중하여 소중하게 생각하고 다루도록 한다. 이를 위해 교사는 가치 판단적 표현을 지양하며, 유아들의 자발적인 표현을 긍정적으로 격려함으로써 다른 사람의 예술작품에 대하여 소중히 여기는 자세를 보여준다.

예 - "('벌들의 비행' 음악에 맞춰 만 5세 유아들이 또래와 만 3~4세 유아들 앞에서 춤 공연을 한 후) 와! 춤을 보니 어떠니? 팔하고 다리가 어떻게 움직였지? 다른 조 친구들의 벌은 어떻게 날아다니는 것 같니? 그렇게 벌처럼 날아보니 어떤 기분이 드니?"

활동예시 **친구하고 마주보고**

목표	• 친구와 함께 노래에 맞춰 율동할 때의 즐거움을 경험한다. • 노랫말을 따라 자신의 신체를 인식하고 적절하게 조절하여 표현한다.

가. 활동 자료

악보 '친구와 마주보고', 음원 '친구와 마주보고', 율동 동영상

친구하고 마주보고

양이슬 작사
양이슬 작곡

나. 활동 방법

1) 소리에 대한 수수께끼를 낸다.

- (교사가 손뼉을 치는 소리를 들으며) 무슨 소리일까?
- 이 소리는 우리 몸에서 서로 부딪쳐서 내는 소리란다. 우리의 몸에서 어디를 부딪쳐서 내는 소리 일 것 같니?
- 그래, 손뼉을 부딪쳐서 내는 소리이구나.

2) 노래를 들으며 신체를 서로 부딪쳐 내는 소리를 찾아본다.

- 노래를 잘 들어보고 우리 몸을 이용해 친구와 부딪쳐서 내는 소리들을 찾아보자.
- 노래에서 어떤 소리들을 들었니?

예 짝짝짝, 통통통, 똑딱

- 짝짝짝은 친구끼리 우리 몸의 어디를 부딪치면 낼 수 있는 소리일까?(손뼉)
- 통통통은 친구끼리 우리 몸의 어디를 부딪치면 낼 수 있는 소리일까?(엉덩이)
- 탁탁탁은 친구끼리 우리 몸의 어디를 부딪치면 낼 수 있는 소리일까?(발)
- 퉁퉁퉁은 친구끼리 우리 몸의 어디를 부딪치면 낼 수 있는 소리일까?(등)
- 노랫말의 끝에 나오는 '똑딱'이라는 소리는 우리의 몸 중에서 어디서 낼 수 있는 소리일까?(입)

〈율동 방법〉

1절

① 친구하고 마주보고 짝짝짝(친구끼리 서로 마주보고 양손을 부딪친다.)
② 뒤돌아서 엉덩이를 통통통(친구끼리 서로 돌아서 엉덩이를 부딪친다.)
③ 친구하고 마주보고 짝짝짝(친구끼리 서로 마주보고 양손을 부딪친다.)
④ 그대로 멈춰(두 손을 주먹을 쥐고 앞으로 하여 엇갈리며 돌린다.)
라(움직임을 멈춘다.)
⑤ 똑딱(입을 이용해서 '똑딱' 소리를 낸다.)

2절

⑥ 친구와 마주보고 탁탁탁(친구끼리 서로 마주보고 발을 부딪친다.)
⑦ 뒤돌아서 등 - 으로 퉁퉁퉁(친구끼리 서로 돌아서 등을 부딪친다.)
⑧ 친구하고 마주보고 톡톡톡(친구를 서로 앉고 어깨를 두드려 준다.)
⑨ 그대로 멈춰(두 손을 주먹을 쥐고 앞으로 하여 엇갈리며 돌린다.)
라(움직임을 멈춘다.)
⑩ 똑딱(입을 이용해서 '똑딱' 소리를 낸다.

3) 노래를 들으며 노랫말에 맞춰 신체를 부딪쳐 본다.

- 친구와 서로 마주보고 노랫말을 따라 손과 엉덩이를 부딪쳐 소리를 내 보자.

4) 음악의 빠르기에 맞춰 신체를 부딪쳐 본다.

- 음악을 천천히 들려줄게. 천천히 부딪쳐 볼까?
- 음악을 빠르게 들려줄게. 빠르게 부딪쳐 볼까?

5) 두 개의 원형으로 서로를 마주보고 서서 돌아가며 다른 친구들과 율동을 한다.

6) 친구와 함께 노래에 맞춰 몸을 부딪치며 소리 내어 본 느낌을 이야기해 본다.
   - 우리 몸을 이용해 친구와 서로 부딪쳐 소리를 내보니 어떤 기분이 드니?
   - 친구와 천천히 몸을 천천히 부딪칠 때와 빨리 부딪칠 때 어떻게 달랐니?
   - 친구와 서로의 몸을 부딪쳐서 소리 낼 수 있는 곳이 또 있을까?

다. 활동의 유의점

1) 자유선택활동 시간에 CD를 이용해서 노래를 미리 들려주고 본 활동에 참여 하도록 하면 유아들이 더 흥미를 보이며 적극적으로 참여 할 수 있다.
2) 친구와 신체가 서로 닿는 부위를 긍정적으로 인식하며 활동에 참여 할 수 있도록 한다.
3) 1절을 반복해 익숙해지면 2절로 활동해 본다.
4) 장애통합을 할 경우, 일반유아와 장애유아의 짝이 되어 활동하여 소외되지 않도록 유의한다.

라. 활동 평가

1) 친구와 함께 율동하며 즐겁게 참여하는지 평가한다.
2) 노랫말을 따라 자신의 신체를 인식하고 적절하게 조절하여 표현하는지 평가한다.

마. 확장 활동

1) 신체를 부딪쳤을 때 나는 소리를 유아들이 이야기한 소리로 바꿀 수 있다.
2) 신체를 부딪쳐 소리 낼 수 있는 다른 신체 부위를 찾아 노랫말을 만들어 활동해 본다.

활동자료 출처: 보건복지부(2013). 4세 누리과정에 기초한 어린이집 프로그램 교사용 지도서.

2009학년도 공립 유치원 교사 임용후보자 선정경쟁시험 33, 34번 문제

33. 다음은 유아의 표현 활동 지도를 위해 선정한 곡의 일부이다. 이 곡의 특징과 지도에 대한 설명으로 적절하지 않은 것은?

(이하 생략)

① 4박자 곡으로 유아에게 경쾌하고 생동감 있는 분위기를 조성하기에 적절하다.

② 유아의 가창 가능 음역인 '레~라'의 음역으로 구성된 곡이므로 유아가 노래 부르기에 적절하다.

③ 노랫말이 유아가 이해하기 쉽고 움직임과 관련된 표현이 포함되어 있어서 신체 활동으로 연결하기에 적절하다.

④ 노랫말과 네 번째 마디의 쉼표 부분이 자연스럽게 연결되므로 동적 활동과 정적 활동의 대비를 경험하기에 적절하다.

⑤ 가락과 리듬, 악구의 반복 등 곡의 형식이 뚜렷하므로 곡의 느낌을 반복의 원리를 활용한 단순한 조형 활동으로 표현할 수 있다.

34. 만 4~5세 유아에게 노래 부르기를 지도하는 방법으로 가장 거리가 먼 것은?

① 노랫말을 바꾸거나 좋아하는 리듬 패턴을 만들어 표현해 보게 한다.

② 노래의 내용과 사전 경험을 연관시킬 수 있도록 노래와 관련된 동물 인형 같은 자료를 제공하고 노랫말을 동화로 각색하여 들려준다.

③ 유아들이 노래의 특징을 느낄 수 있도록 공이나 한삼, 리본, 스카프 등을 사용하여 가락이나 세기 등에 대한 즉흥적인 표현을 격려한다.

④ 새 노래를 지도할 때 처음에는 작곡 상태의 악보대로 피아노 반주를 하고, 이때 오른손의 가락이 왼손의 반주와 같은 세기가 되도록 한다.

⑤ 가창 가능 음역 내의 노래를 정확하게 부르는 능력이 증가하고 다른 사람과 함께 노래하기도 즐기는 시기이므로 다같이 노래 부르는 기회를 제공한다.

〈답안〉
33번 정답 : ②
34번 정답 : ④

2015년 B형 5. 1)번 문제

5. (가)는 음악 감상 활동 계획안의 일부이고, (나)는 명화 감상 활동 계획안의 일부이다. 물음에 답하시오. [5점]

(가)

활동명	생상스의 '동물의 사육제' 감상하기
㉠ 활동방법	○ 생상스의 사진과 함께 '동물의 사육제'를 소개한다. ○ 주의 깊게 들어야 할 부분을 알려 준다. ○ '동물의 사육제' 곡 전체를 들려준다. ○ 곡을 들어 본 느낌에 대해 이야기를 나눈다. ○ 그림 자료를 보며 주제 동물에 대해 이야기를 나눈다. ○ 동물을 표현하는 악기에 대해 이야기를 나눈다. ○ 동물을 상상하며 다시 곡을 듣는다.
㉡ 확장활동	○ '동물의 사육제'를 움직임과 춤으로 표현하기 ○ '동물의 사육제'를 미술로 표현하기 ○ '동물의 사육제'를 극 놀이로 표현하기

(나)

활동명	마티스의 '금붕어' 감상하기	
활동방법	○ 작품을 감상한다. ○ 작품에 대해 이야기를 나눈다. - 이 그림의 바로 전에는 무슨 일이 일어났을까? - 이 그림을 어디에 걸어 두면 잘 어울릴까? - 금붕어는 어떤 모습을 하고 있니? - 화가는 왜 이 그림을 그렸을까? - 이 그림은 무엇으로 그렸을까? - 이 그림 속에는 어떤 것들이 보이니?	㉢

1) ㉠ 활동 방법에서 ① 음악감상 지도 방법으로 부적절한 내용 1가지를 찾아 쓰고, ② 그것을 적절하게 고쳐 쓰시오 [2점]

- ① 부적절한 내용: ______________________
- ② ______________________

〈답안〉

① 부적절한 내용: '동물의 사육제' 곡 전체를 들려준다.

② 한 곡 전체를 들려주기보다는 주요부분(테마)을 편집하여 들려주거나 대비가 분명한 부분을 편집하여 들려주도록 한다.

제8장

영유아 전통 음악교육

1. 영유아 전통 음악교육

전통음악은 우리 조상이 창조한 것으로 삶과 문화를 미학적 가치로 표현함으로써 우리 조상의 감각을 통해 인식된 무엇인가를 제작하고 이를 통해 개인적 감정적 경험을 일으키는 것이다. 유아 전통음악교육은 우리 조상이 이루어 놓은 전통 문화 유산 중 전통음악을 일상생활에서 접하고 경험함으로써 우리의 전통문화를 바로 알고 유아의 정서에 우리 민족에 대한 자긍심을 심어주는 것을 목적으로 한다. 이를 위해, 영유아들이 일과 속에서 형식적 또는 비형식적 방법으로 전통예술을 지속적으로 즐겁게 경험할 수 있도록 해 주어야 한다. 또한, 특정한 기술을 익히는 것이 목적이 아닌 만큼 우리 고유의 소리를 즐길 수 있도록 해야 한다.

2. 영유아 전통 음악교육의 장르

우리 소리는 우리 역사의 온갖 시련 속에서도 민족의 희로애락을 함께하면서 오랜 전통으로 갖고 담아 온 값진 예술로, 우리나라에서 발생하여 전해 내려오는 우리나라 고유의 음악, 우리의 정서, 우리 소리 고유의 특성을 바탕으로 한 삶 속에서 변화, 발전되어 온 모든 음악을 의미한다. 우리 소리의 장르는 다음과 같다.

- 민요
- 판소리
- 가야금 병창
- 아악(궁중음악)
- 산조(기악 독주곡)
- 풍물(민속 종합예술) 등

3. 영유아 전통교육(민요)의 특징

1) 시김새

(1) 시김새(잔가락)의 의미

전통 음악에서 골격음의 앞이나 뒤에서 그 음을 꾸며주는 장식음 또는 음 길이가 짧은 잔가락을 말한다. '시김새'의 유무가 선율 또는 곡 전체에 미치는 영향은 분위기에서의 세련미·화려함·유연미 등 거의 결정적 요소가 되기 때문에 전통 음악에서의 '시김새' 위치는 곧 연주자의 음악적 능력이라고 할 수 있다.

시김새의 일반적 의미는 음을 '아~' 하고 꾸밈없이 내지 않고, 음을 떨거나 꺾거나 흘리는 등의 우리만의 표현 방법을 말한다. 보다 쉽게 꾸밈음 정도로 이해하면 된다.

(2) 시김새 교육 방법

만 4세 유아가 민요의 '시김새' 맛을 느끼고 표현하려면, 교육 활동의 시기를 2학기말로 하는 것이 바람직하다. 유아들은 잦은 '시김새'를 모두 따라 하기에 무리가 있으므로 '시김새'를 덜어 표현하도록 한다. 평으로 내는 소리와 떠는 소리 두 가지의 구분만 되도록 하여 확연히 구분해 소리 내도록 한다. 예를 들면, '진도아리랑' 노래를 처음 들려주고, '시김새'를 가르칠 때까지 장구장단은 치지 않는다. 처음부터 장구를 치면 유아들이 장구장단에 심취해 장구 노랫말과 '시김새'를 듣고 구분할 수 없기 때문이다.

(3) 시김새와 관련한 4세 활동 예시

- '시김새'에 대해 알아본다.
  - 너희들이 노래 할 때처럼 그냥 "아~"(평으로 내는 소리) 하고 소리를 내지 않고, 더 멋있게 노래를 부르려고 "아으~~~"(떠는 소리) 하면서 불렀지. 이렇게 멋을 내는 소리를 '시김새'라고 한단다.
- '시김새' 중 '떠는 소리'를 내는 방법에 대해 이야기 나눈다.
  - 너희들도 '시김새'를 넣어서 "아~"를 "아으~~" 이렇게 떨면서 소리 내 보자. 어떻게 떠는 소리를 냈는지 이야기해 보자.
  - 선생님은 목청을 떨어서 소리 내는데, 너희 중에 몇몇 사람은 고개를 위아래로 떨어서 '떠는 소리'를 내는구나. 선생님과 같이 "아으~~" 하고 길게 소리내 보자.
- '시김새' 중 '떠는 소리'를 손으로 표현해 본다.
  - 떠는 소리를 손으로 그려 보자.
  - 두 손을 흔들면서 떨기도 하고, 물결처럼 옆으로 떠는 모습을 그리기도 했구나.
- '진도아리랑'을 들으면서, '시김새' 중 '떠는 소리'가 노랫말의 어느 부분에 들어가는지 손으로 표시해 본다.
  - 선생님이 노래를 천천히 부를 테니 어느 부분을 떠는지 잘 듣고, 떨 때마다 손을 흔들거나 물결처럼 그려 보자.
  - '아리 아리랑'의 '아'를 "아으~~" 하며 떨었고, '쓰리 쓰리랑'의 '쓰'도 "쓰으~~" 하고 떨며 불렀지. 더 있는데 또 어디에서 떨었을까?

2) 메기고 받기(앞소리 뒷소리)

'앞소리 · 뒷소리'는 우리 민요의 대표적 특성으로 한 사람이 메기고(앞소리 · 뒷소리) 여러 사람이 받으며(앞소리 · 뒷소리) 노래하는 형태이다.

진도아리랑

중모리/세마치 전라도민요

• 우리 민요의 대표적 특성인 메기고(앞소리 · 뒷소리) 받으면서(앞소리 · 뒷소리) 노래를 부른 것처럼 전래동요 역시 주고받는 경우가 많고, 단순 반복적이어서 유아가 쉽게 익힐 수 있다. 그러므로 교사가 자주 불러서 귀에 익혀 쉽게 부를 수 있게 한다.

• 교사는 흥겹고 힘차게 앞소리를 메기도록 한다. 마디의 처음 박(첫 소리)에 힘을 넣어 부르면, 우리 소리의 흥겨운 맛을 낼 수 있다.

※진도아리랑은 남도 민요 특유의 시김새가 잘 나타나 있으며 메기고 받는 즐거움이 있는 대표적인 노래이다.

3) 국악 장단

국악의 장단이란 국악곡에 나타나는 소리의 길고 짧음을 가리키는 것으로, 장단은 악곡의 성격과 빠르기 및 음악적 흐름을 알 수 있는 매우 기본적이고 중요한 요소이다.

(1) 인사장단(인사굿)

- 풍물과 사물놀이에서 연주자가 연주 시작과 끝에 치는 장단으로 인사할 때 쓰인다.
- '인사장단'이란 말은 본래의 '인사굿'을 대신하는 연주자가 등·퇴장할 때 인사하면서 치는 장단이다.
- '인사장단'은 8분의 12박을 기본으로 하고, 마지막의 박자는 인사를 할 때 쓰이므로 정박에 넣지 않고 늘임표로 사용하여 쓰기도 한다.
- 늘임표는 음표나 쉼표 위아래에 붙으며 보통 그 음가의 2배 이상 길게 연주한다. 또한 겹세로줄 위에 있을 경우에는 악곡이 끝남을 나타내는 마침표가 된다.
- '인사장단' 장구 장단보 글씨의 크기와 굵기는 소리의 크기와 세기를 표현한 것이다.

부호	⦶	⦶		⦶	⦶		··	⦶	⦶	⦶		|	○		
입장단	덩	덩		덩	덩		더더	덩	덩	덩			쿵		

채편
북편

(2) 굿거리장단

- 굿거리장단은 12박 12장단으로(1박이 3소박으로 이루어짐) 속도는 ♩.=60~72이다. 다른 장단보다는 한 장단이 다소 긴 호흡으로 이루어져 있으며 넉넉하며 부드럽고 서정적인 느낌을 주는 장단이다. 특히 아홉째 박에 강세가 나타나는 굿거리장단은 서양음악과 구별되는 점으로, 장단을 기능적으로 분석할 때 장단의 절정을 이루는 부분이다.
- 굿거리장단을 외래악기인 탬버린으로 익히는 것은 유아기에 치기 어려운 장구의 굴림채 '더러러러' 부분을 가장 쉽고 편리하게 연주할 수 있기 때문이다. 또한 장구나 탬버린 모두 장단을 연주하는 리듬악기이기 때문이다.
- 유아들과 우리장단을 익히는 데 꼭 국악기만을 고집하지는 않는다. 어떤 리듬악기라도 우리 장단의 연주가 가능하기 때문이다.

부호	⦶		|	⦶	⋮		⦶		|	⦶	⋮	
입장단	덩		덕	덩	더러	러러	덩		덕	덩	더러	러러

(3) 세마치장단

- 세마치장단은 3분박 3박(단순박 3장단) 장단으로 ♩.=72~108이다. 첫 박에서 강세가 있고 가볍고 예쁘게 노래하는 느낌을 준다. (진도아리랑과 같이 세 번째 장단에서 강세가 오는 노래도 흔히 있음) 세마치에도 여러 형이 있으나 일반적으로 세마치장단은 경기민요 같이 조금 빠른 3박자형이다.

부호	⦶			⦶		|	○	|	
입장단	덩			덩		덕	쿵	덕	

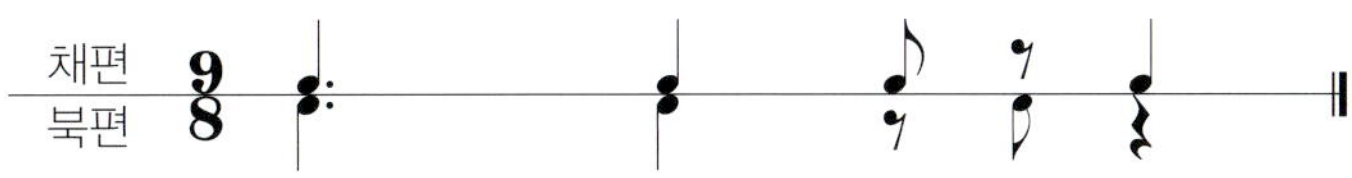

(4) 자진모리장단

- 자진모리장단은 3분박 4박 장단(3소리 4박)으로 속도는 ♩.=90~110이다. 자지게 모는 장단으로 걸음걸이 빠르기를 경쾌하고 가뿐가뿐한 느낌을 주는 장단이며 국악동요에서 가장 많이 쓰이는 장단으로 '휘모리장단'보다 약간 느리다.

예 강강술래, 쾌지나 칭칭나네, 꿩꿩 장서방 등

- 자진모리장단의 노래 '바늘귀 꿰세', '군밤타령', '꼭꼭 숨어라'도 노래를 익숙하게 즐겨 부를 수 있을 때 손장단을 치면서 흥겹게 부르도록 한다(유치원 교육과정 심화운영을 위한 유아전통예술교육 프로그램교과부, 2009).

부호	⦶			⦶			⦶		|	○		
입장단	덩			덩			덩		덕	쿵		

채편
북편
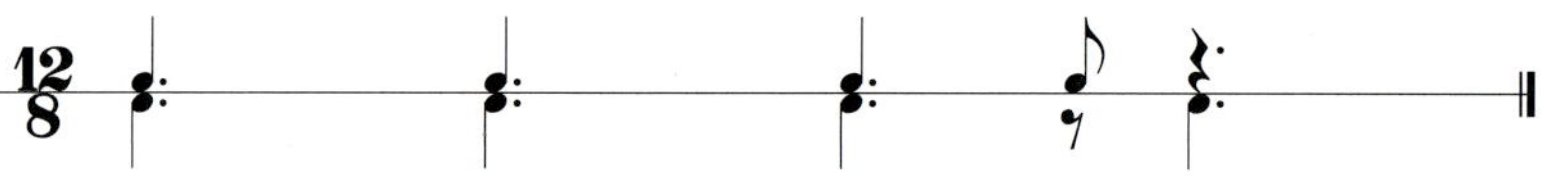

(6) 휘모리장단

- 회오리 바람처럼 휘몰아가는 빠른 속도인 휘모리장단은 여러 장단 유형 중에서 가장 빠르고 단순한 형태를 갖고 있다. 일반적으로 휘모리장단 3개 이상이 모여야 음악적 의미를 갖게 된다. 단순한 율동감이 있는 2박자 계통의 놀이 노래에 쓰이고, 단모리장단이라고도 부른다(유치원 교육과정 심화운영을 위한 유아전통예술교육 프로그램교과부, 2009).

예 옹헤야, 뱃노래, 두껍아 두껍아~, 잠자리 꽁꽁

악보

정간보	⦶		|	|	⦶	|	○	
입장단	덩		덕	덕	쿵	덕	쿵	

4. 영유아 전통교육(민요)의 음악적 요소

구성요소	
소리	공기를 통해 전달되는 음의 파동(고른음, 시끄러운 음 등으로 구분) 예 '아'라고 길게 소리내며 목 만져보기/ 자동차와 트럭 소리는 어떻게 다르니?
박/박자	일정한 시간단위로 되풀이되는 악센트의 주기적 반복으로 국악은 박에 맞는 여러 장단이 있어서 박이 달라지면 장단도 바뀌게 됨 예 강강술래는 노래 도중 12/4(중모리장단)에서 12/8(자진모리장단)으로 자연스럽게 박자와 장단이 바뀜 "처음의 강강술래와 나중의 강강술래는 어떻게 다르니?"
음색	한 소리와 다른 소리를 구별시켜 주는 소리의 질(악기의 재료, 구조, 크기에 따라 다름) 예 엄마 목소리와 아빠 목소리 구별/장구소리와 북소리 구별/같은 악기를 다른 방법으로 소리내어 차이 들어 보기
리듬	음악적 움직임의 패턴으로 음의 길이(장단)와 셈여림이 시간적으로 결합하여 진행되는 것. '장단중심의 음악'이라고 할 만큼 장단이 중요한 국악에서는 장단이 음의 길고 짧은 것뿐 아니라 강약이 살아 있음(대부분 첫박이 강하고 약박으로 끝남) 예 자진모리장단에 맞춰 손뼉치기/"계속 반복되는 부분의 소리를 들을 수 있었니? 찾았다면 어땠는지 한번 불러 볼까? 못 찾았다면 다시 듣고 찾아볼까?"/리듬패턴 만들어 보기.
빠르기	음악이 연주되는 속도(국악 중 산조는 느린 장단으로 시작해서 점차 빠른 장단으로 변하는 특성이 있음) 예 강강술래에 맞춰 걸어 보자. 걸음걸이가 어떻게 변했니?/음악속도에 맞춰 걷거나 달리기
음높이	음의 높고 낮음. 진동수가 많으면 높은 음이 되고 진동수가 낮으면 낮은 음이 되며 음높이는 가사의 내용과도 일치되는 경우가 많음(강강술래에서 달이 높게 떠오르는 것처럼 음을 높게 잡은 것) 예 음의 높이를 손으로 표시해 보기
셈여림	소리의 크고 작음, 세고 여림의 정도 예 신날 때 '아' 소리와 배고플 때 '아' 소리/4마리 코끼리가 걷는 소리와 1마리 코끼리가 걷는 소리/큰북 소리와 작은북 소리/천천히 걸을 때와 빠르게 걸을 때를 노래로 부른다면 어떻게 다르게 불러야 할까?
멜로디	음높이와 리듬의 조합으로 생기며 국악에서는 가락이라고 함. 국악에서는 음을 꾸며 주는 표현방법으로 '시김새'가 있음(시김새란 '아~' 하고 꾸밈없이 내지 않고 떨거나 꺾거나 흘리는 등 노래에 맛을 내는 국악만의 표현방법) 예 가사 없이 듣고 무슨 노래인지 맞춰 보자.

출처: 부모와 함께 하는 유아전통예술(2009, 교과부).

2014학년도 공립 유치원 교사 임용후보자 선정경쟁시험 B형 5. 3)번 문제

5. 다음은 전래동요의 지도방법에 대해 교사들이 나눈 대화의 일부이다. 물음에 답하시오. [5점]

최 교사: 전래동요는 음역이 넓지 않고 음계가 단순해서 고든(E. Gordon)의 이론을 적용해 볼 수 있을 것 같은데……. 유아들이 익숙한 전래동요를 ㉠ 노랫말이나 음 없이 노래를 상상하여 마음속으로 불러 보는 것도 가능하지 않을까요?

윤 교사: 좋은 생각이네요. 저는 전래동요의 가사를 확장해서 동극의 형식으로 각색하고, 등장인물의 대사 일부를 노래로 표현하는 (㉡)을(를) 시도해 보고 싶어요. 춤의 요소가 포함되는 뮤지컬이나 대부분 음악으로 이어지는 오페라에 비해 (㉡)을(를) 만들기는 쉽겠지만, 우리 반 아이들이 가능할지 모르겠어요.

민 교사: 그렇다면, 여러 가지 방법으로 전래동요를 익힌 다음, ㉢ 즉흥적으로 노랫말을 바꾸어서 불러 보는 활동을 해 보면 어떨까요? 아이들은 자신이 지은 노랫말로 노래 부르는 것을 좋아하잖아요.

권 교사: 저는 아이들이 손으로 무릎장단을 치면서 전래동요를 불러 보는 활동을 계획하고 있어요. ㉣ 휘모리보다는 느리지만 잦은 박으로 빠르게 치는 경쾌한 장단에 맞추어 활동하면, 유아들이 음악적 요소를 보다 쉽게 익힐 수 있을 것 같아요.

강 교사: 우리나라 악기를 탐색한 후에 악기를 연주하면서 전래동요를 불러 보는 활동도 흥미로울 것 같은데요. 사물놀이에 쓰이는 악기 중에 (㉤)을(를) 사용해 매 장단의 첫 박에 치면서 음의 지속이나 진동을 효과적으로 경험해 보면 어떨까요?

3) 다음은 ㉣을 사용한 전래동요의 정간보 일부이다. ㉣에 해당하는 장단의 이름 1가지를 쓰고, ㉤에 들어갈 악기 1가지를 쓰시오. [2점]

'이 거리 저 거리 각 거리'

	⦶			⦶			⦶		|	○		
노랫말	이	거	리	저	거	리	각		거	리		

……(후략)……

• 장단: ______________

• 악기: ______________

답안

3) 장단: ㉣ 자진모리

악기: ㉤ 징

2016학년도 공립 유치원 교사 임용후보자 선정경쟁시험 B형 6. 1), 2)번 문제

6. 다음은 ○○유치원 5세반 송 교사의 활동계획안이다. 물음에 답하시오. [5점]

활동명	전래동요 '매미' 노래 부르기
목표	○ 장단에 맞춰 전래동요를 부른다. ○ ㉠ <u>다양한 방법으로 가락을 표현해 본다.</u> ○ 악기를 연주하며 전래동요를 부른다.
㉡ 활동자료	○ 음원, 악보, 가사판 디오라마, 장구, 소고  
㉢ 활동방법	…(상략)… ○ 첫 소박 '주'와 '개'를 큰 소리로 노래 부른다. ○ 장단에 맞춰 노래 부른다. ○ 음의 높낮이와 길이를 손가락으로 그려 본다. ○ 장단을 소고로 연주해 본다. ○ 소고를 연주하며 자유롭게 노래 부른다.
㉣ 확장활동	○ '매미' 노랫말로 이야기 꾸미기 ○ 매미 그림책 만들기 ○ 사물악기로 '매미' 연주하기 ○ 매미 음악극 하기

1) ㉠의 목표와 관련이 <u>없는</u> 것을 ㉢에서 찾아 쓰시오. [1점]

• ______________

2) 다음은 ㉡에 제시된 전래동요의 특징이다. ① 적절하지 <u>않은</u> 것의 기호를 쓰고, ② 이를 바르게 고쳐 쓰시오. [2점]

ⓐ 시김새(꾸밈음)가 없는 4음 음계의 노래이다. ⓑ 2소박 장단으로 이루어진 반복 구조의 노래이다. ⓒ 자진모리장단에 어울리는 노래이다. ⓓ 곤충을 잡으며 부르던 노래이다. ⓔ 의태어가 포함되어 유아의 흥미를 유발할 수 있는 노래이다.

답안

1) 장단을 소고로 연주해 본다.

2) 1: 자진모리장단에 어울리는 노래이다.

2: 휘모리(=단모리)장단에 어울리는 노래이다.

2017학년도 공립 유치원 교사 임용후보자 선정경쟁시험 B형 5. 1), 2), 3)

5. (가)는 ○○유치원 5세반 강 교사의 음악 활동계획안이고, (나)는 확장 활동으로 사용한 전래동요 악보이며, (다)는 활동 후 동료 교사와 나눈 대화 내용이다. 물음에 답하시오. [5점]

(가)

활동명	즐거운 사물놀이
활동목표	㉠ 사물놀이에 관심을 갖는다. ㉡ 사물놀이에 사용되는 악기의 이름과 연주 방법을 안다. ㉢ 사물놀이 악기 연주를 하며 빠르기, 강약, 멜로디, 리듬을 탐색한다.
활동자료	장구, 꽹과리, 북, 징, 그림악보
활동방법	○ 지난 주에 실시한 사물놀이 악기 탐색 경험에 대해 이야기를 나눈다. ○ 사물놀이 악기의 연주 방법을 소개한다. ○ 자신이 원하는 사물놀이 악기를 선택한다. ○ 사물놀이 악기를 장단에 맞춰 다 함께 연주해 본다.
활동의 유의점	○ 사물놀이에 익숙해질 수 있도록 자유선택활동시간에 음률영역에 비치한 악기들을 탐색할 수 있는 기회를 제공한다.
활동평가	… (생략) …
확장활동	○ 전래동요 '이박저박'과 '어디까지 왔나?'에 맞춰 사물놀이 악기 합주를 한다.

(나)

이박저박

전래동요

어디까지 왔나?

전래동요

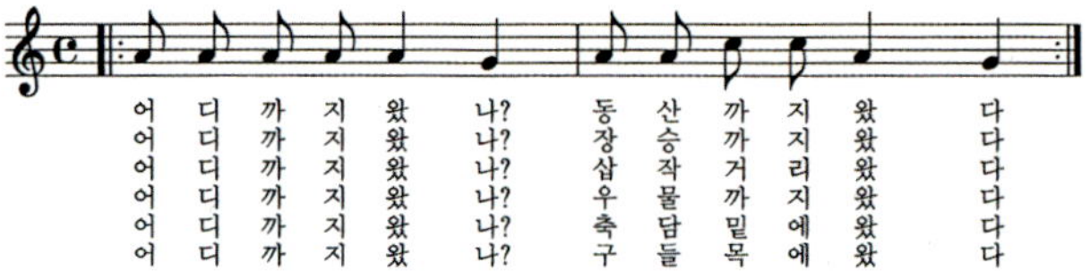

1) (가)의 ㉠~㉢ 중 적절하지 않은 것 1가지를 찾아 기호를 쓰고, 그 이유를 쓰시오. [1점]

• ______________________________

3) 다음은 (나)에 제시된 ㉣, ㉤의 공통점을 정리한 것이다. ① ⓐ~ⓓ 중에서 틀린 것 1가지를 찾아 기호를 쓰고, 바르게 고쳐 쓰시오. ② ㉤의 대표적인 노래 부르기 방법 1가지를 쓰시오. [2점]

ⓐ 3음으로만 이루어진 안정적인 멜로디와 반복 형식을 지닌다. ⓑ 세마치장단에 맞춰 연주할 수 있다. ⓒ 즐겁게 놀이를 하면서 노래 부를 수 있다. ⓓ 음악적으로 매우 소박하며 조상들의 생활상을 엿볼 수 있다.

• ①: ______________________________

• ②: ______________________________

답안

1) ㉢ 사물놀이 악기는 타악기이므로 멜로디를 탐색할 수 없다.

3) ①: ⓑ휘모리(단모리)장단에 맞춰 연주할 수 있다.

②: 메기고 받기(문답식으로 부르기)

제9장

영유아 음악교육을 위한 환경구성

유아교육기관에서 영유아가 음악적 요구를 충족하고 음악적 잠재능력을 기르기 위해서는 반드시 음악영역이 배치되어야 한다. 음악영역은 영유아가 음악적으로 사고하고 탐구하며, 자신의 음악적인 내면을 소리와 신체로 표현할 수 있는 공간이다.

유아교육기관에서는 흥미영역으로 음악영역을 구성하고 배치하는 것이 중심이 된다. 흥미영역의 구성은 활동성의 정도와 관련성, 물의 사용 여부 등을 고려하여 배치된다.

유아교육기관의 흥미영역은 조용한 곳과 활동적인 곳 그리고 건조한 곳과 물이 있는 곳의 네 영역으로 나누어진다. 다음 그림에서 제1지역은 건조하고 조용한 곳, 제2지역은 건조하고 활동적인 곳, 제3지역은 조용하고 물이 있는 곳, 제4지역은 활동적이고 물이 있는 곳으로 구분된다. 일반적인 원칙으로 통용되는 Frost & Kissinger(1976)의 흥미영역 구성의 원리는 다음과 같다.

| 그림 3 | **흥미영역 구성의 원리**

출처: J. L. Frost & J. B. Kissinger(1976).

그림 4와 같이 음악영역은 활동성이 높기 때문에 대근육 활동, 쌓기영역, 소꿉영역, 블록영역 등과 같이 활동적이고 건조한 제2지역에 해당되며, 이러한 음악

환경의 구성 원리에 기초한 유아교육기관의 음악영역 배치도는 다음과 같다.

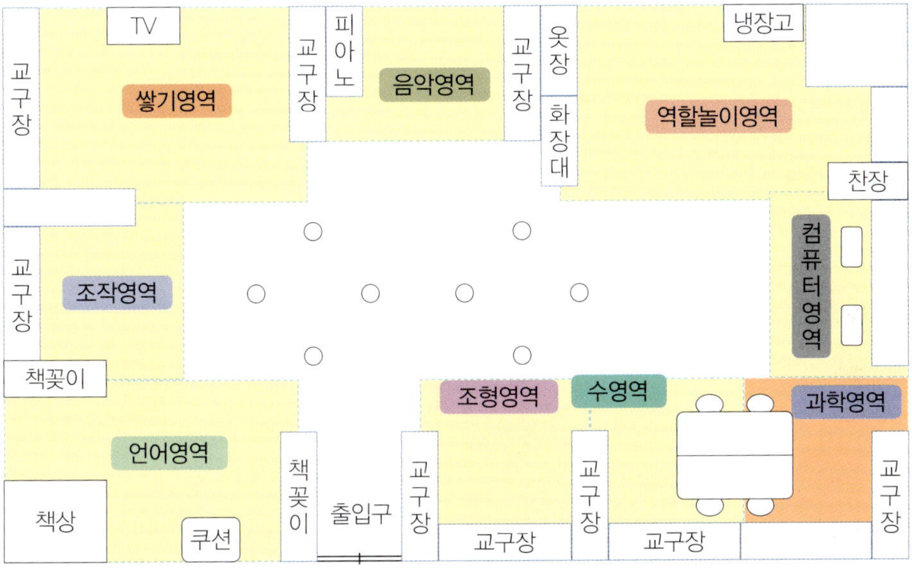

| 그림 4 | 유아교육기관의 음악영역 배치의 예

1. 만 0~2세 영아를 위한 환경구성

1) 만 0~1세 영아

영아가 오감을 이용하여 자신의 환경에서 풍성한 감각적 경험을 형성할 수 있도록 다양한 재질과 형태의 놀잇감을 제공한다. 누워 있는 영아에게는 모빌, 딸랑이 등을, 앉거나 이동하기 시작하면서는 쌓기 상자, 통 안에 모양 맞추어 넣기, 작동에 따라 소리 나는 놀잇감 등 그 범위를 넓혀간다. 손과 눈의 협응과 소근육의 발달이 이루어지기 시작하는 영아에게는 소근육 조작 경험을 충분히 할 수 있도록 배려한다.

(1) 놀잇감 및 교재교구

- 모빌, 딸랑이, 손에 쥘 수 있는 놀잇감, 오뚝이
- 건드리면 다양한 소리가 나는 놀잇감, 상자 블록, 누르면 작동하는 놀잇감
- 다양한 질감의 인형, 여러 가지 재질과 크기의 공
- 모양 블록, 모양 끼우기 통, 고무나 플라스틱 재질의 고리 끼우기 등

2) 구성의 예

출처 : 보건복지부(2014).

(3) 유의점

- 영아는 밝은 색상, 대비가 분명한 것, 단순한 디자인, 두드러지는 특징이 있는 것, 사람 얼굴 모양 등을 선호하므로 이런 특징을 갖춘 놀잇감을 마련한다.
- 모든 자료는 항상 청결하게 관리하고 파손된 자료는 즉시 수리한다.
- 영아가 삼킬 수 있는 작은 자료는 비치하지 않는다.

2) 만 2세 영아

영아는 자신의 욕구에 따라 악기를 이용하여 소리를 내 보며 음악을 통해 자신의 감정을 표현하는 경험을 할 수 있다. 또한 영아는 여러 가지 음악을 들으면서 그 속에 담긴 감정을 느껴 볼 수도 있다.

(1) 놀잇감 및 교재교구

- 카세트나 녹음기
- 리듬악기(북, 트라이앵글, 마라카스, 탬버린, 캐스터네츠 등)

(2) 구성의 예

출처: 보건복지부(2014).

(3) 유의점

- 영아가 스스로 예술적인 경험을 할 수 있도록 여러 가지 매개체(악기, 음악테이프, 리본, 스카프, 의상 등)를 준비하고, 움직이는 모습을 볼 수 있도록 벽에 큰 거울을 비치하면 좋다.

2. 만 3~5세 유아를 위한 환경구성

1) 만 3~5세 유아

음률 영역은 생활주변에서 듣는 다양한 소리에 관심을 가지고 탐색하고 음악을 듣고 노래를 부르고 여러 가지 악기를 다루어 보고 음악에 맞추어 자유롭게 몸을 움직이거나 창의적인 신체 표현활동을 경험하는 영역이다. 유아는 음률 영역의 활동을 통해 음악적 아름다움의 요소를 찾아보며, 음악이나 움직임과 춤으로 표현하고, 음악을 감상하는 능력을 키운다. 음률 영역은 음악에 맞추어 신체를 자유롭게 움직일 수 있는 충분히 넓은 공간이 필요하며, 소음이 많이 나는 영역이므로 다른 영역의 활동에 방해가 되지 않도록 배치하며 바닥에는 카펫을 깔아 안정된 분위기를 조성하여 소음도 줄일 수 있도록 한다.

(1) 놀잇감 및 교재·교구

- 기본 교구: 녹음기, 헤드폰, 카세트테이프, 다양한 음악CD와 DVD, 악보, 악기 관련 사진, 각종 연주회나 춤 공연 등의 사진이나 동영상 자료 등
- 생활 속 악기: 젓가락, 냄비 뚜껑, 깡통, 빨래판, 체, 콩 부채 등
- 우리나라 전통 악기류: 장구, 소고, 북, 꽹과리, 가야금, 피리 등
- 외국 악기류: 리듬악기(예: 탬버린, 캐스터네츠, 트라이앵글, 마라카스 등), 멜로디 악기(예: 실로폰, 멜로디언, 키보드, 피아노 등)
- 스카프, 리본, 작은 낙하산 등의 신체표현 도구나 음악 연주회나 춤 공연 영상자료, 오페라 등에서 공연자가 입는 무대 의상 등

(2) 연령별 영역구성의 예

 〈만 3세〉	다양한 장르의 음악을 듣고 자유롭게 표현해 보는 활동을 할 수 있도록 하며, 다양한 리듬악기나 유아나 교사가 만든 악기, 소리를 녹음하여 들을 수 있는 녹음기 등을 비치하여 원할 때는 언제나 활용할 수 있도록 한다.
 〈만 4세〉	음악과 함께 몸을 마음대로 움직여 보고 노래를 부르며 여러 가지 악기를 자유롭게 만지고 경험을 해 보도록 리듬악기류와 유아들이 직접 만든 마라카스와 수술, 리본막대, 우드블록, 핸드벨, 실로폰, 소고 등을 제시한다. 동작활동 자료로 다양한 동작카드, 한삼, 탈, 스카프, 접이부채, 응원 반짝이 수술 등이 있다.
 〈만 5세〉	음악을 들어보고 만들어 가는 경험을 할 수 있도록 유아 스스로 조작 가능한 CD플레이어를 제공하며, 그림으로 된 간단한 가사악보를 벽에 부착하여 간단한 연주를 해 보도록 한다. 음률 영역에 전신거울을 두어 유아가 자기가 표현하는 모습을 볼 수 있도록 하여도 좋다. 음률 활동을 위한 자료에는 다양한 동작카드, 한삼, 탈, 스카프, 섭이부채, 응원 빈짝이 수술 등이 있다.

출처 : 보건복지부 · 육아정책연구소(2014).

(3) 유의점

- 유아가 스스로 음률 활동에 참여할 수 있도록 여러 가지 매개체(예: 악기, 음악테이프, 리본, 의상 등)를 제공하고, 움직이는 모습을 볼 수 있도록 벽에 큰 거울을 준비해 주는 것도 좋다.
- 공연 관람, 지역 인사나 전문가 초대, 비디오 관람 등 다양한 방법으로 움직임과 춤 경험, 음악적 표현 및 감상활동을 하도록 한다.
- 유아가 소리를 정확히 변별하는 활동을 할 때는 집중할 수 있도록 주변 소

리를 차단하는 장치를 하도록 한다.

- 움직임이나 춤과 관련된 활동을 할 때, 신체 접촉을 꺼리는 유아가 있으면 강요하지 않도록 하며, 서로 부딪히거나 다치지 않도록 미리 주의를 준다.
- 우리나라 전통 악기와 함께 다른 나라의 악기를 다양하게 준비하고, 유아가 쉽게 다룰 수 있는 리듬악기나 타악기에서 시작하여 점차 멜로디 악기로 확장한다(보건복지부, 2014).

제10장

영유아 음악교육에서의 교사의 역할

영유아 교사는 영유아 음악교육을 실행하기 위해 기본적으로 음악의 구성요소에 대한 올바른 이해와 영유아의 음악적 발달에 대한 이해, 교수 방법에 대한 실천적 지식을 갖추어야 한다. 음악교육은 단순한 지식과 이해를 바탕으로 영유아에게 이를 전달하는 활동이 아니므로, 무엇보다도 중요한 것은 먼저 교사 자신이 음악적이어야 한다는 것이다. 교사는 스스로 양질의 풍부한 음악 경험을 통하여 음악을 즐기며, 음악에 대한 이해와 심미감을 기르고, 노래 부르기, 악기 연주하기 등에도 익숙해지도록 지속적인 노력이 필요하다.

교사는 바람직한 영유아 음악교육을 지원하기 위해서 다양한 역할을 수행하게 된다(Isenberg & Jalongo, 1993). 교사가 영유아 음악교육을 위해서 해야 할 역할은 다음과 같이 활동계획자의 역할, 안내자로서의 역할, 비계설정자의 역할, 환경구성자의 역할, 관찰자 및 평가자로서의 역할이다.

1. 활동계획자로서의 역할

영유아 음악교육을 위해서 무엇보다도 교사는 바람직한 음악 활동을 제공하기 위한 계획자의 역할을 수행해야 한다(Kemple, Batey & Hartle, 2004). 음악 활동은 매일의 일과에서 이루어질 수 있도록 계획되어야 하며, 영유아의 능동적 참여를 유도할 수 있도록 계획되어야 한다. 활동을 계획하는 데 있어서 가장 중요한 것은 영유아를 위해 발달에 적합한 좋은 음악 활동을 선정하는 능력이다. 새 노래 배우기에 대한 활동의 예를 들면, 교사는 다음과 같이 영유아들이 노래를 배우는 발달적 과정을 이해하고 선정된 노래에 대한 지도를 어떤 방법과 노래의 특징을 고려하여 노래 부르기를 지도할 것인지를 고려할 필요가 있다.

노래지도를 계획할 때 대부분의 영유아들은 다음과 같은 5단계를 거쳐 노래를 잘 부를 수 있게 된다(Campbell & Scott-Kassner, 2002).

첫째, 노랫말을 따라 한다.

둘째, 노랫말의 리듬을 따라서 노래를 부른다.

셋째, 조금 부정확하기는 하지만 가락에 대해 어느 정도 인식하며 노래를 부른다.

넷째, 가락에 포함되어 있는 음높이를 좀 더 정확히 인식하여 노래를 부른다.

다섯째, 노래를 부르는 데 필요한 모든 측면을 고려하여 노래를 부른다.

2. 안내자로서의 역할

음악 활동을 계획한 후 영유아에게 음악적 활동을 안내하기 위해서는 교사의 안내자로서의 역할이 필요하다. 교사는 안내자의 역할을 통하여 음악 활동이 즐겁고 재미있는 활동이 되도록 하고 음악 활동 안에 포함된 음악적 개념 형성을 도울 수 있다. 예를 들면, 교사가 노래 부르기 활동을 안내할 때 다양한 방법을 사용할 수 있어야 한다. 노랫말에 대한 이해를 돕기 위해 그림을 활용하는 방법, 융판을 활용하여 노래를 소개하는 방법, 손인형을 이용하여 손인형이 노래를 불러 주듯이 노래를 소개하는 방법 등을 사용할 수 있다. 또한 노래를 불러 줄 때 목소리를 다양하게 변화시키면 노래 부르기에 대한 영유아의 흥미를 유발시키는 데 도움이 된다. 가령 커다란 목소리로 부르다가 아주 작은 목소리로 바꿔 부르거나 노래의 분위기에 따라 씩씩하게 부르거나 부드럽게 부른다(Silberg, 1998).

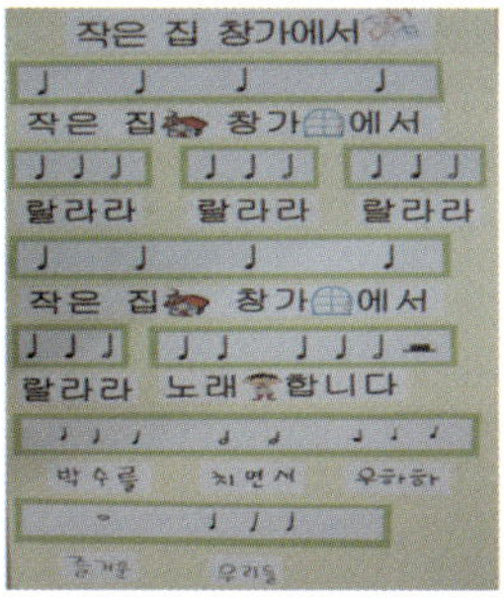

노래 그림판

손인형

오른쪽 이미지출처: 매직캐슬

3. 비계설정자로서의 역할

음악 활동의 과정에서는 음악 활동에 대한 이해를 돕고 영유아가 음악적 개념을 구성하도록 돕는 비계설정의 역할이 매우 중요하다. 비계설정은 교사가 도전적 활동을 준비하여 영유아의 현재 발달 수준을 높일 수 있도록 도움을 제공하는 교수 유형이다. 교사가 음악 활동을 지도할 때 적절한 비계설정을 하려면 먼저 근접발달지대(the zone of proximal development)의 개념을 이해하고 있어야 한다. 비고츠키는 학습을 통해 발달이 이루어지고 근접발달지대가 창조되는 것으로 보았기 때문에 적절히 조직된 학습은 인지발달에 매우 중요하다. 이러한 근접발달지대 내에서의 효과적인 학습을 위해서는 효과적인 비계설정이 필요하다. 비계설정은 보다 능력 있는 협력자가 학습자의 근접발달지대 내의 과제를 제공하고 상대방의 수행 능력에 따라 적절한 도움의 양을 조절함으로써 궁극적으로는 학습자가 과제에 대해 책임을 맡게 하여 학습자의 자율성과 독립성을 길러 주는 방법이라고 볼 수 있다(안경숙 외, 2001). 노래 부르기 활동에서 구체적인 비계설정의 방법을 예로 들면 다음과 같다.

첫째, 영유아가 일단 노래를 배운 후 노랫말이나 가락을 변화시켜 보도록 하고 영유아의 수준에 따라 도움의 양을 조절한다.

둘째, 영유아가 노래의 리듬을 바꿔 보도록 격려하면서 직접 손뼉으로 리듬을 바꾸는 시범을 보일 수 있다. 그러나 영유아의 수행 능력이 높아지면 유아 스스로 다른 형태의 리듬으로 바꿔 보도록 격려한다.

셋째, 영유아가 노래를 부를 때 목소리를 녹음하여 다시 들려준다. 다른 영유아와 교사가 부른 노래와 어떻게 다른지 비교하도록 격려한다.

넷째, 노래의 음높이를 시각적으로 표시해 주기 위해 몸의 위치나 손을 이용하여 노래의 형태를 인식하도록 돕는다.

4. 환경구성자로서의 역할

교사는 바람직한 음악적 환경을 제공하여 영유아가 풍부한 음악 활동을 경험할 수 있도록 노력하여야 한다. 영유아가 노래 관련 활동에 능동적으로 참여할 수 있도록 교실 내에 청각적·물리적·사회적 환경을 주의 깊게 구성하고, 다양한 활동에 참여할 기회를 제공할 필요가 있다. 자유놀이 시간에는 상황이나 맥락에 어울리는 노래를 들려주고, 영유아들이 개별적으로 노래를 부르거나 노래놀이나 게임에 참여할 수 있도록 음률영역에 노래와 관련된 다양한 자료와 교구 등을 비치해 둔다. 특히 영유아가 질 좋은 오디오 시스템을 통해 다양한 종류의 노래와 다양한 문화의 노래를 들을 수 있도록 교실 내에 관련된 시설들이 설치되어 있는 것이 바람직하다. 또한 노래 부르기와 통합하여 다룰 수 있는 여러 가지 리듬악기(북, 리듬막대, 손가락 심벌즈, 징글벨, 스텝벨, 목금과 비슷한 종류의 악기, 키보드가 있는 전자오르간이나 피아노 등)를 음률영역에 비치하고 노래 부르기와 악기 다루기를 통합하여 경험할 수 있도록 격려해 주어야 한다(MENC, 1994). 집단 활동에 사용되었던 활동 자료나 교구 등을 음률영역에 비치함으로써 음악적 개념을 적용해 볼 수 있도록 격려할 필요가 있다.

■ 음률영역에 비치할 수 있는 자료와 교구

· **음악 관련 사진이나 그림 자료: 노래 부르는 모습, 오페라 사진 등**

오페라 〈토스카〉의 한 장면

노래 부르는 모습

오른쪽 사진 출처 : 보건복지부, 육아정책연구소(2014).

· **노래 그림악보, CD 플레이어, 헤드폰**

노래 그림악보를 벽에 부착하거나 CD 플레이어와 헤드폰을 비치해 줄 수 있다.

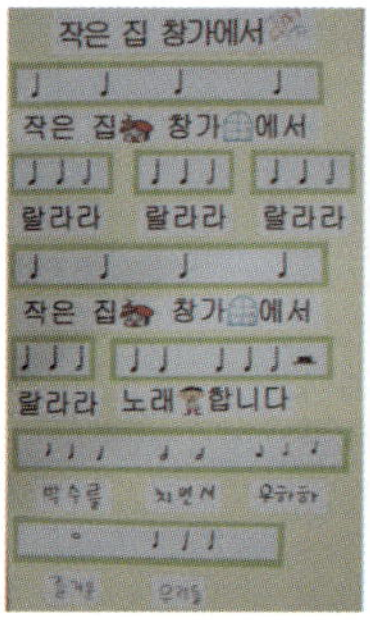

노래 그림 악보

CD 플레이어, 헤드폰

• 음악교육 관련 그림책, 노래 모음집

나와 악기 박물관(신나는음악그림책 4) 시리즈

안드레아 호이어 지음 | 유혜자 옮김 | 미래아이 | 2004. 4. 20.

방 안 가득 자기만의 악기 박물관을 꾸며 놓는 파울의 이야기를 담은 음악 그림책

나와 오페라 극장(신나는 음악 그림책 1) 시리즈

작가 안드레아 호이어 | 미래아이 | 2003. 06. 27.

파울이 본 오페라 극장의 무대와 무대 뒤에서 일어나는 여러 가지 흥미로운 이야기의 그림책

피터와 늑대

세르게이 프로코피예프 지음 | 유영미 옮김 | 미래아이 | 2000. 12. 10.

원작인 〈피터와 늑대〉에 1936년 러시아의 작곡가인 세르게이 프로코프예피가 직접 글을 쓰고 곡을 붙인 그림책

• 악기 종류

북, 리듬막대, 손가락 심벌즈, 징글벨, 스텝벨, 목금과 비슷한 종류의 악기, 키보드가 있는 전자오르간이나 피아노 등(안경숙·나은숙·김소향, 2013 재인용).

제11장

영유아 음악교육 평가

1. 영유아 음악교육 평가의 개념

평가(assessment)는 교육의 목적이 제대로 성취되었는지를 밝혀 교육 내용과 교육 방법의 전반적인 과정에 대한 교사의 전문적 실제를 개선하는 데 매우 중요하다. 평가를 통해 영유아의 음악적 성취와 진보의 수준을 진단하고, 적절한 교수-학습 활동을 제공하여 개별 영유아의 음악적 잠재력을 최대한 계발하기 위해서는 지속적인 평가가 반드시 필요하다. 영유아 음악교육 평가의 개념을 영유아 평가의 개념에서 도출하기 위하여 살펴보면, 영유아 평가는 영유아가 무엇을 알고 있는지와 어떻게 행동하는지에 대해 관심을 두고 영유아의 발달과 학습에서의 성취, 진보의 증거들을 수집하기 위해 관찰하고 기록하며 문서화하는 과정이다. 전미영유아교육협회(National Association of Early Young Children)의 교육과정과 평가에 대한 안내 지침서에는 평가를 "개별 영유아들을 위한 영유아교육 프로그램을 증진시키기 위해 이루어지는 잠재적인 과정"으로 설명하고 있다. 영유아 교육에서의 평가는 학습의 성취와 진보가 효율적으로 이루어졌는지를 알아보기 위해 증거와 자료를 수집하고, 평가 결과를 바탕으로 영유아에게 적절한 교수 계획을 수립하여 제공하는 과정으로 정의할 수 있다. 이러한 정의에 기초해 볼 때 영유아 음악교육 평가의 개념은 음악학습의 성취와 진보를 확인하고, 적절한 프로그램을 제공하며, 교육적인 결정을 내리기 위해 음악과 관련된 다양한 교육적 자료를 수집하고 자료를 해석하는 일련의 전략이며, 음악교육 체계의 기본적인 피드백 기제라고 볼 수 있다(안경숙 외, 2006).

2. 영유아 음악교육 평가의 구성요소

영유아의 음악적 성취와 진보에 대한 평가는 음악교육의 목적과 밀접히 관련지어 이루어지는 것이 바람직하다. 영유아 음악교육의 목적은 영유아의 음악적 태도(musicalattitudes), 음악적 기술(musical skill), 음악적 개념(musical concept)과 같은 음악적 능력을 증진시켜 궁극적으로는 음악적 소양을 길러 주는 것에 있다(Custodero,2002; McDonald, 1993).

음악적 태도는 음악에 대한 특별한 행동양식으로, 영유아의 타고난 잠재력과 초기 환경의 영향으로 형성되며, 9세 이전에 습득되어 평생 지속된다(Gordon, 1999). 음악에 대한 긍정적 태도는 음악을 좋아하고 가치 있게 여기는 행동으로서 음악적 지식과 개념을 형성하는 데 도움을 준다. 그러므로 음악적 태도는 음악교육의 중요한 목적이면서 영유아의 음악적 성취와 진보를 평가하기 위한 영역으로 고려되어야 한다.

음악적 기술은 음악교육 내용영역과 관련된 행동에서 드러나는 구체적인 기술로, 예를 들면 노래를 음정에 맞춰 정확하게 부르는 기술이라든지, 노래의 리듬에 맞춰 정확하게 손뼉을 치는 행동 등이다. 개별 영유아의 음악적 기술 수준은 다양한 음악교육 내용과 관련된 도전적인 활동을 통해 증진된다. 그러므로 교사가 음악교육 내용영역을 동등하고 균형 있게 다루었을 때, 영유아의 음악적 기술은 더욱 증진될 수 있다. 영유아의 음악적 기술은 음악교육 내용영역과 관련된 다양한 활동 과정에서 평가될 수 있으며, 음악적 태도와 더불어 영유아의 음악적 개념 형성에 직접적인 영향을 준다.

음악적 개념은 리듬, 가락, 음색, 형식, 조직, 음의 표현적 질과 같은 음악적 요소에 포함된 구체적인 개념으로(Campbell & Scott-Kassner, 1995), 학자들의 주장에 따라 다른 요소들이 첨가되거나 삭제되기도 하지만 보통 장단, 악센트, 박자, 리듬패턴, 음높이, 빠르기, 셈여림, 음악적 소리와 비음악적 소리, 음성과 악기의 유형 등이 포함된다. 음악적 개념은 음악놀이를 통한 다양한 음악 활동과 같은 발달에 적합한 다양한 접근 방법을 통해 자연스럽게 형성될 수 있다. 그러므로 영유아 교사는 음악교육 내용영역에 대한 발달에 적합한 활동과 음악놀이를 통해 영유아의 음악적 개념을 형성하도록 도와주어야 한다. 또한 영유아의 사전 음악적 개념을 평가하고, 음악적 개념의 형성을 도울 수 있는 활동을 제공한 후 사후 음악적 개념을 평가하여 영유아의 음악적 개념의 성취와 진보를 평가할 수 있어야 한다(안경숙 외, 2006).

3. 영유아 음악교육 평가의 방법

영유아의 음악적 태도, 기술, 개념에 대한 평가는 영유아의 발달에 적합한 과정중심의 평가 방법이 적합하다. 그 이유는 영유아가 기존에 성취한 지식이나 기술만을 평가하는 결과 중심의 평가인 예를 들면, 표준화 검사와 같은 총합 평가가 교육의 질을 높이는 데 많은 한계가 있기 때문이다. 결과중심의 총합 평가는 영유아들이 이미 학습한 결과를 평가하기 때문에 교수-학습의 과정에서 영유아의 발달과 학습의 성취가 어떻게 진보해가고 있는지에 대한 신뢰할 만한 정보를 제공해 주지 못하는 문제를 가지고 있다.

평가의 진정한 목적은 영유아가 이미 학습한 결과를 알아내는 것에 있기보다는 학습이 이루어지는 과정에서 교수와 통합된 평가를 통해 그들의 학습을 최대한 돕는 것에 있다. 그러므로 영유아의 음악 능력의 평가도 음악교육 활동의 과정에서 자연스럽게 나타나는 음악적 수행을 평가하는 과정 중심 평가의 방향으로 이루어지는 것이 중요하다. 이와 같은 과정 중심의 평가는 대부분 비형식적 평가로서, 음악교육이 이루어지는 상황과 맥락의 전체 과정에서 교사의 요구와 목적에 따라 자연스럽게 사용될 수 있는 평가를 의미한다. 영유아의 발달이나 능력에 대한 평가는 정보를 수집하고 기록화하는 방법에 따라 몇 가지 유형으로 구분할 수 있다(McAfee & Leong, 2002).

1) 영유아의 음악적 능력에 대한 평가

교사는 하루 일과를 통해 영유아들을 관찰하고 이를 바탕으로 영유아를 평가한다. 교사는 음률 영역에서 영유아의 행동을 관찰하고 평가하므로 영유아의 발달 상황을 파악할 수 있고 그것을 기초로 영유아에게 적절한 지원을 제공할 수 있다. 또한 교사는 영유아에 대한 평가뿐만 아니라 자신의 교육계획 수행을 점검하여 음률 교육의 목표를 달성하였는지 여부를 확인할 수 있다.

영유아에 대한 평가는 주로 관찰에 의해 이루어진다. 관찰은 영유아가 언어 표현에 한계가 있고, 주의 집중 시간이 짧기 때문에 자연스러운 상황이 아닌 검사 상황에서 자신의 능력을 최대한 발휘하지 못한다는 점을 극복하고, 영유아의 자연스러운 발달을 있는 그대로 평가한다는 점에서 최근 관찰법이 강조되고 있다(보건복지부, 2008). 일반적으로 영유아를 관찰하는 데 많이 사용되는 방법으로는 일화기록법, 행동목록법, 평가척도법, 비형식적 면담을 통한 평가, 포트폴리오 평가 등이 있다.

(1) 일화기록법

일화기록(anecdotal notes)은 영유아를 대상으로 가장 많이 사용되는 평가방법이다. 일화기록은 특정한 사건에 초점을 맞춰 짧게 서술한 설명을 의미한다. 이러한 기록은 개별 영유아나 소집단 영유아들의 독특한 행동이나 기술들을 기록하는 데 사용된다. 영유아의 음악 활동에 대해 즉각적인 이해를 하게 되고 누적된 정보를 준다는 것에 그 가치가 있으며, 모든 영유아에 대해 관찰 기록을 수행하여 객관적인 평가를 내릴 수 있는 자료를 제공한다. 일화 기록을 할 때 내용을 길게 쓸 필요는 없으나 학습과 관련된 사건을 자세히 기록해야 하며, 교사의 판단이나 추론을 배제하여 사실적으로 기록해야 한다. 일화기록은 영유아가 어떻게 무엇을 학습하는가를 잘 보여 주기 때문에 음악적 기술과 음악적 개념을 평가하는 데 있어서 효율적인 평가 방법이라고 할 수 있다(Nierman, 2001).

| 표 19 | 영유아 음악 활동에 대한 일화기록 평가지

이름: 신하영 관찰일:	성별: (여) 관찰자:	생년월일: 년 월 일(만 3세) 관찰 장소: 음률 영역
장면: 하영이가 음률영역에서 마라카스를 흔들며 노래를 부르고 있다.		
기록: 하영이가 마라카스를 흔들고 있다. 마라카스를 흔들며 신나게 노래도 부른다. 옆에서 보고 있던 민준이가 하영이에게 마라카스를 흔들어 보고 싶다고 얘기한다. 하영이가 "민준아 너도 나처럼 한번 해 볼래?" 물어보자 민준이가 그렇게 하고 싶다고 얘기한다. 민준이가 마라카스를 한 개씩 흔들더니 바닥에 '탁~ 탁~' 내려친다. 옆에서 보고 있던 하영이가 민준이에게 "그렇게 하는 게 아니라 손에 들고 흔드는 거야"라고 얘기해 준다. 하영이가 마라카스를 양손에 들고 흔들자 민준이도 양손에 들고 흔들기 시작한다. 그리고 이번에는 하영이가 민준이에게 마라카스를 서로 바꿔서 흔들어 보자고 하면서 리듬에 맞춰 노래를 부르기 시작한다.		
요약: 하영이는 마라카스 사용법을 알고 사용한다. 친구에게 마라카스를 양보할 줄 안다. 친구에게 상황에 대한 설명을 잘 해주고, 상호작용을 잘 한다.		

(2) 행동목록법

행동목록법(체크리스트)은 관찰하고자 하는 특정 행동의 목록을 선정해 두고, 이 행동의 출현 여부를 관찰하여 기록하는 방법으로 '예/아니오' 로 표기하는 방법이다.

일반적으로 현재 상태를 평가하는 데 사용되지만, 시간에 따른 발달의 변화를 알고자 할 때도 사용된다. 행동목록법에 의한 영유아 음악적 태도(김진희, 2018)의 예를 들면 〈표 20〉과 같다.

| 표 20 | 음악적 태도 체크리스트

이름: 생년월일:	성별:

내용		예	아니오
탐색	1. 소리 나는 곳으로 몸을 움직인다.		
	2. 악기소리를 듣고 악기의 종류를 구별한다.		
	3. 음악소리가 나면 주의를 기울여 듣는다.		
	4. 높은 소리와 낮은 소리를 구별한다.		
	5. 노랫말에 흥미를 갖고 관심을 보인다.		
표현	6. 목소리나 신체를 이용하여 다양한 소리를 낸다.		
	7. 신체기관을 이용하여 리듬치기를 한다.		
	8. 소리를 만들고 듣는 과정에 적극 참여한다.		
	9. 간단한 노랫말을 만든다.		
	10. 새 노래를 듣고 잘 따라 부른다.		
	11. 노래를 부르며 자신의 감정을 자연스럽게 표현한다.		
	12. 여러 가지 노래를 즐겨 부른다.		
	13. 노래에 맞추어 리듬악기를 연주한다.		
	14. 리듬악기 연주를 즐겨하며 적극 참여한다.		
	15. 노래를 듣고 몸으로 표현하는 것을 즐거워한다.		
	16. 자신의 생각을 자유롭게 표현한다.		
	17. 신체를 이용하여 주변의 여러 가지 모양과 움직임을 창의적으로 표현한다.		
	18. 간단한 손동작을 따라한다.		
	19. 기본 동작을 이용하여 창의적인 동작 표현을 한다.		
	20. 다양한 소재(음악이야기, 경험 등)에 대한 생각과 느낌을 음악과 동작으로 표현한다.		
감상	21. 다양한 소리와 악기 연주 소리에 관심을 갖고 즐겨 듣는다.		
	22. 다양한 종류의 음악을 듣고 생각과 느낌을 이야기한다.		
	23. 다양한 종류의 율동에 대하여 흥미를 갖고 감상한다.		
	24. 다양한 종류의 율동을 보고 생각과 느낌을 이야기한다.		
	25. 다른 사람의 노래를 흥미 있게 듣는다.		
	26. 우리나라의 전통가락을 흥미 있게 듣는다.		
	27. 우리나라의 전통가락에 관심을 기울인다.		
	28. 노래를 듣고 몸을 움직여 표현하는 것에 관심을 갖고 감상한다.		

(3) 평정척도법

평정척도법은 사전에 준비된 범주에 따라 특정 행동을 관찰하고 이 행동의 특성, 특질 또는 성격을 몇 등급으로 구분하여 영유아의 행동 정도를 평가해 보는 방법이다. 평정척도법의 유형은 숫자 평정 척도, 도식 평정 척도, 기술 평정 척도, 표준 평정 척도가 있다. 영유아의 음악 능력 발달에 대한 평가척도(이수경, 2010)의 예를 들면 다음의 〈표 21〉과 같다.

| 표 21 | 음악 능력 발달에 대한 평정척도

이름: 생년월일:	성별:

영역	세부 능력	1: 못함, 2: 보통, 3: 잘함								
		1회(월 일)			2회(월 일)			3회(월 일)		
듣기	① 주위 환경에서의 소리 변별하기	·	·	·	·	·	·	·	·	·
	② 음성 변별하기	·	·	·	·	·	·	·	·	·
	③ 음악 소리의 속도, 느낌 변별하기	·	·	·	·	·	·	·	·	·
	④ 악기소리 변별하기	·	·	·	·	·	·	·	·	·
	⑤ 주위의 여러 사물의 소리 변별하기	·	·	·	·	·	·	·	·	·
리듬표현	① 리듬특징에 맞추어 걷기	·	·	·	·	·	·	·	·	·
	② 두 가지 리듬악기에 맞추어 앞·뒤 걷기	·	·	·	·	·	·	·	·	·
	③ 리듬유형에 따라 신체리듬 표현하기	·	·	·	·	·	·	·	·	·
	④ 주어진 두 개의 다른 리듬 유형을 변별하기	·	·	·	·	·	·	·	·	·
	⑤ 리듬막대로 빠르게 느리게 쳐 보기	·	·	·	·	·	·	·	·	·
	⑥ 세 가지 리듬악기에 맞추어 앞·뒤·옆 걷기									

영역	세부 능력	1: 못함, 2: 보통, 3: 잘함								
		1회(월 일)			2회(월 일)			3회(월 일)		
노래부르기	① 알고 있는 노래 부르기(레퍼토리수준)	·	·	·	·	·	·	·	·	·
	② 주어진 음보다 더 높은 음 소리내기	·	·	·	·	·	·	·	·	·
	③ 주어진 음보다 더 낮은 음 소리내기	·	·	·	·	·	·	·	·	·
	④ 주제에 관련된 노래부르기(꽃, 동물, 사람)	·	·	·	·	·	·	·	·	·
	⑤ 노래부르는 동안 리듬, 박자에 대한 자기통제	·	·	·	·	·	·	·	·	·
	⑥ 노래분위기에 맞는 자기 감정표현									
악기다루기	① 여러가지 악기 다루기	·	·	·	·	·	·	·	·	·
	② 같은 악기로 특수한 음악적 소리를 내어 무슨 악기인지 알기	·	·	·	·	·	·	·	·	·
	③ 신체동작에 반주로써 악기 사용하기	·	·	·	·	·	·	·	·	·
	④ 악기 이름 알기	·	·	·	·	·	·	·	·	·
	⑤ 타악기로 크고 작고빠르고 느린 소리 표현하기	·	·	·	·	·	·	·	·	·
	⑥ 녹음된 음악에서 연주되는 악기 이름 알기	·	·	·	·	·	·	·	·	·
	⑦ 노래속도에 맞추어 악기 반주하기(3, 4박)	·	·	·	·	·	·	·	·	·
	⑧ 음의 고저가 있고 없는 타악기 분류하기	·	·	·	·	·	·	·	·	·
	⑨ 어느 악기의 소리가 오래 지속되는지 분별하기	·	·	·	·	·	·	·	·	·
창의력	① 주어진 노랫말에 멜로디 붙이기	·				·	·	·	·	·
	② 주어진 리듬패턴과 다른 패턴 연주하기	·	·	·	·	·	·	·	·	·
	③ 생활 주변에서 악기 대용품 찾아 연주하기	·	·	·	·	·	·	·	·	·
	④ 작은북으로 리듬 유형을 다양하게 연주하기	·	·	·	·	·	·	·	·	·
	⑤ 음악을 듣고 무용만들기	·	·	·	·	·	·	·	·	·
	⑥ 상상력을 자극시키는 몸동작하기	·	·	·	·	·	·	·	·	·

출처: 이수경(2010).

(4) 비형식적 면담을 통한 평가

비형식적 면담을 통한 평가방법은 영유아가 교실에서 자연스럽게 음악활동을 하는 과정에서 영유아와 교사가 서로 이야기하고, 상호작용하면서 평가하는 방법이다. 교사는 영유아들의 음악표현 과정이나 문제해결 전략, 추론하기 등과 같은 것을 탐구하기 위해 질문이나 대화를 할 수 있다. 그런데 이와 같은 비형식적 면담 방법을 사용하는 데 있어서 한 가지 문제는 교사가 개별 영유아들을 모두 심층적으로 면담할 시간이 부족하다는 점이다. 그러나 교사가 미리 비형식적 면담에 사용할 질문을 준비한다면, 영유아들의 음악활동을 하는 과정에서도 자연스럽게 이야기를 나누며 평가를 할 수 있다. 영유아와 비형식적 면담 방법을 할 때 교사는 영 영유아로부터 반응을 이끌어내기 위해 미리 질문을 준비하고, 때로는 구체적인 지시를 하거나 힌트나 실마리를 제공하여 영유아들의 반응을 이끌어 내어야 한다. 이러한 시도들이 영유아가 음악과 관련지어 알고 있는 지식이나 기술이 드러나도록 도와주기 때문이다.

〈비형식적 면담에서의 질문의 예〉

- 오늘 음악 활동을 하면서 느낌이 어땠니?
- 음악 활동에서 어떤 점이 좋았니?
- 음악 활동에서 혼자서도 잘할 수 있었니?
- 음악 활동을 할 때 재료나 도구가 사용할 만큼 충분했니?
- 오늘 음악 활동을 열심히 했니?
- 오늘 음악 활동에서 어떤 점이 어려웠니?
- 음악 활동을 하면서 도움이 필요할 때 선생님이 잘 도와주셨니?
- 다음에 하고 싶은 음악 활동은 무엇이니?

(5) 포트폴리오 평가

포트폴리오(portfolio)는 표현 결과로 나타난 기록이나 작품을 수집 정리하여 이를 분석하는 방법이며, 영유아의 교육 내용에 대한 이해 정도와 흥미로운 성취감 영유아의 사고 방법이나 특성 등을 알아볼 수 있는 평가 방법이다. 영유아의 작품과 프로젝트 사진 등을 포트폴리오에 끼워 두고, 교사가 간단히 설명을 달아서 영유아의 학습 진보를 평가하는 방법이다. 포트폴리오 평가는 최근에 영유아교육 분야에서 강조하고 있는 평가 방법으로, 단편적인 영역에 대한 일회적인 평가가 아니라 영유아 개개인의 변화와 발달 과정을 종합적으로 평가하기 위해 전체적이면서도 지속적인 평가를 강조하는 수행 평가의 대표적인 기법 중 하나이다. 포트폴리오를 통한 영유아 평가는 그들의 발달과 학습을 기록하는 증거를 계속적으로 목적을 가지고 수집해 놓은 것으로, 영유아의 경험과 발달적 진전, 성취 결과 등을 보여 주어 학습과 발달을 위한 평가와 지침의 기초를 제공해 준다.

포트폴리오 평가는 영유아의 포트폴리오 작업과 교사의 평가도구로서의 포트폴리오로 구성된다. 특히 영유아의 포트폴리오 작업은 실제 교실에서 영유아가 자신의 학습과 자기반성의 증거를 발견할 수 있도록 자신의 작업들을 수집하는 것이다. 교사의 평가도구로서의 포트폴리오는 영유아의 성취와 진보에 대해 중요하다고 보이는 관찰일지, 실험일지, 작품뿐만 아니라 교수-학습과 평가가 통합된 과정에서의 평가 자료와 증거, 사전/사후 평가 과정에서 사용된 평가 방법의 결과물들을 체계적으로 조직하여 영유아의 음악적 경험과 발달적 진보, 성취 결과 등을 종합적으로 평가하고 보고하는 데 사용할 수 있다. 이와 같은 포트폴리오는 단순한 영유아의 활동과정과 결과물에서 더 나아가 음악활동과정과 내용이 지니는 사회적 맥락이나 작업의 진행 과정, 영유아의 의도, 교사의 판단 등이 작품마다 전부는 아니더라도 가능한 한 짧게 기록되어 있어야만 비로소 영유아의 수행 정도를 보여 주는 진정한 기록이 될 수 있다. 포트폴리오 평가 방법은 영유아의 음악적 태도, 기술, 개념을 통합하여 지속적이고, 전반적인 음악적 행동과 성취의 표본을 제공하고, 프로그램의 질을 나타내는 척도를 만드는 데 있다. 영유아의 음악적 학습의 성취와 진보에 대한 일화 기록, 참여도 도표, 체크리스트, 작품 등 다양한 자료 중에서 중요하다고 판단되는 적절한 항목을 신중하게 선택하여 음악적 능력에 대한 발달 수준의 진보를 평가할 수 있도록 음률영역 포트폴리오를 조직할 수 있다. 포트폴리오를 조직할 때 모으기 쉬운 자료들만 조직하는 경우가 있는데, 이런 경우 평가의 신뢰성을 떨어뜨리므로 영유아의 음악적 학습의 성취와 진보 과정이 최대한 잘 드러나는 자료를 잘 선택하여 조직해야 한다(안경숙 외, 2001). 영유아의 음악 활동 포트폴리오 평가 양식지(김연주·양연숙·김현지, 2018)의 예를 들면 다음의 〈표 22〉와 같다.

| 표 22 | 음악 활동 포트폴리오 평가양식지

<table>
<tr><td>영유아명</td><td></td><td>생년월일</td><td>년 월 일(만 5세)</td></tr>
<tr><td>생활주제</td><td>신나는 여름</td><td>소주제</td><td>여름의 모습</td></tr>
<tr><td>활동명</td><td>'싱그러운 여름'을 연주하고 신체로 표현하기</td><td>관찰일시</td><td>년 월 일</td></tr>
<tr><td>활동목표</td><td colspan="3">• 노래를 듣고 자신의 생각과 느낌을 신체로 표현한다.
• '싱그러운 여름'의 박자와 리듬에 맞추어 리듬악기를 연주한다.
• 합주와 신체표현에 대한 경험을 적절한 문장으로 말한다.</td></tr>
<tr><td>평가내용</td><td colspan="3">• 탐색: 악기 소리 탐색하기
• 표현: 노래 부르기, 리듬악기를 연주하기
• 감상: 음악 감상
• 말하기: 낱말과 문자 말하기</td></tr>
<tr><td>평가방법</td><td colspan="3">작업표본(사진), 일화기록법, 행동목록법</td></tr>
<tr><td>기록</td><td colspan="3">(사진 붙이기)</td></tr>
</table>

구분		내용	예	아니오
음악 교육 내용	탐색	• 음악에 맞춰 손뼉으로 박자를 친다. • 박자에 맞추어 리듬악기를 친다.		
	표현	• 노래로 자신의 생각과 느낌을 표현한다. • 노래를 잘 부른다. • 리듬악기를 연주한다. • 음악을 듣고 느낌을 신체로 표현한다. • 리듬 합주를 잘 한다.		
	감상	• 자신의 느낌이나 생각을 적절한 문장으로 말한다. • 자신의 경험을 적절한 문장으로 말한다.		
의사소통	말하기			
해석				

출처: 김연주 · 양연숙 · 김현지(2018).

2) 교사 자신에 대한 평가

교사 자신에 대한 평가는 음악 활동을 준비하고 실시하는 과정에서 영유아들을 관찰하면서 활동 진행 후, 교사 자신의 수업에 대해 스스로 평가하여 교수과정을 점검하는 것이다. 교사는 자신의 교육계획 및 수행을 점검하여 음악교육의 목표를 달성했는지 여부를 확인할 수 있다. 교사 자신에 대한 평가할 수 있는 평가표는 다음과 같다(김연주 · 양연숙 · 김현지, 2018).

| 표 23 | 음악 활동 지도에 대한 교사 자체 평가표

범주		내용	예	아니오
음악 활동 선정		생활주제와 연계되는가?		
		영유아들의 경험과 연계되는가?		
매체		그림, 악보, 손 인형, 융판 자료, 동영상 등의 적절한 자료를 사용하였는가?		
노래 부르기 지도	노래선정	노래의 음역이 영유아에게 적절한가?		
		노래의 길이가 영유아에게 적절한가?		
		노래의 노랫말과 리듬이 반복적인가?		
	노래지도 과정	도입(노랫말을 소개)이 있는가?		
		교사가 정확한 음으로 노래를 불러 주는가?		
		반주 없이 멜로디만 불러 주는가?		
		한 단어(라, 미 등)로 멜로디를 다 같이 부르는가?		
		교사와 영유아가 노래의 일부분씩 나누어 부르는가?		
		놀 전체를 다함께 부르는가?		
		확장(노랫말 바꾸어 부르기)해서 부르는가?		
악기 연주하기 지도	연주곡 선정	곡의 특징이 뚜렷하여 영유아들의 악기 연주에 적절한가?		
		곡의 길이가 영유아에게 적절한가?		
	악기 지도 과정	도입이나 주의집중이 연주곡과 연계되어 있는가?		
		악기 연주방법에 대한 설명이 있는가?		
		다양한 방법(예: 악기 바꾸기, 남아-여아와 나누어 연주해 보기 등)을 활용하여 악기 연주를 하였는가?		
		영유아들의 느낌이나 생각을 자유롭게 표현하도록 허용하였는가?		

<table>
<tr><th colspan="2">범주</th><th>내용</th><th>예</th><th>아니오</th></tr>
<tr><td rowspan="7">감상 지도 하기</td><td rowspan="2">감상곡 선정</td><td>곡의 특징이 뚜렷하여 영유아들이 듣기에 적절한가?</td><td></td><td></td></tr>
<tr><td>곡의 길이가 영유아에게 적절한가?</td><td></td><td></td></tr>
<tr><td rowspan="5">감상지도 과정</td><td>도입이나 주의집중이 감상곡과 연계되어 있는가?</td><td></td><td></td></tr>
<tr><td>감상곡에 대한 설명(곡의 배경, 작곡자 등)이 있는가?</td><td></td><td></td></tr>
<tr><td>감상곡에 대한 영유아의 느낌에 대해 이야기 나누었는가?</td><td></td><td></td></tr>
<tr><td>다양한 방법을 활용하여 감상곡을 들었는가?</td><td></td><td></td></tr>
<tr><td>영유아들의 느낌이나 생각을 자유롭게 표현하도록 허용하였는가?</td><td></td><td></td></tr>
<tr><td colspan="2" rowspan="2">마무리</td><td>음악 활동의 목표에 대해 평가를 하는가?</td><td></td><td></td></tr>
<tr><td>음악 활동 시간이 끝났음을 알리고 다음 활동을 소개하는가?</td><td></td><td></td></tr>
</table>

출처: 김연주·양연숙·김현지(2018).

3) 음악환경에 대한 평가

영유아들의 음악 활동은 음률 영역의 환경에 따라서 영유아들의 경험이 달라지기 때문에 영유아들의 다양하고 교육적인 음악적 경험을 위해 음률영역의 환경 구성에 대한 평가가 필요하다. 영유아교육기관에서 교사가 준비해야 할 음악환경 체크리스트는 다음과 같다(김영미, 2010).

| 표 24 | 영유아교육기관의 음악환경 체크리스트

문항	예	아니오	비고
1. 교실에는 음악과 관련된 책이나 음악가의 생애에 관한 책이 준비되어 있다.			
2. 교실에는 음악과 관련된 그림이나 사진 자료가 마련되어 있다.			
3. 교실에는 악보나 노랫말, 리듬패턴, 카드가 준비되어 있다.			
4. 교실에는 리듬악기, 멜로디 악기, 현악기 등이 준비되어 있다.			
5. 교실에는 소고, 장구, 징, 꽹과리, 북 등 전통악기류가 준비되어 있다.			
6. 교실에는 시청각 장비 및 컴퓨터, 음악테이프, CD류, 비디오 자료가 준비되어 있다.			
7. 교실에는 음악교육 및 활동을 위해 음악회 방문 등 현장학습의 활동이 이루어지고 있다.			
8. 교실에는 음악교육을 위한 교사의 지식과 기술습득을 위해 원장의 지원이 있다.			
9. 교실에는 음악 활동을 위해 교사들 간의 정보 교류 및 장학 등의 활동이 이루어지고 있다.			
10. 교실에는 노랫말, 악보, 감상곡 목록 등을 통신문 등을 통해 가정으로 전달되고 있다.			

출처: 김영미(2010).

또한, 가정에서도 영유아에게 음악환경을 제공할 수 있다. 영유아들은 부모와 함께 가정에서 보다 더 자유롭고 편안하게 음악을 접한다. 가정에서 많은 음악을 들으며 자유롭게 소리 탐색이 이루어지고 주위의 소리 나는 물건, 자연의 소리 등에 귀 기울일 수 있는 기회가 많이 제공된다면, 영유아들의 음악적 경험은 풍부해지고 음악적 성장에 도움이 될 것이다(이춘자·조인경, 2013). 가정에서 부모가 준비해야 할 음악환경의 평가항목을 제시하면 다음과 같다.

| 표 25 | 가정에서의 음악환경 평가척도

문항	예	아니오	비고
1. 부모는 가정에서 노래를 즐겨 부른다.			
2. 부모는 가정에서 악기를 연주한다.			
3. 부모는 가정에서 CD음악을 듣는다.			
4. 부모는 가정에서 음악에 맞춰 춤을 춘다.			
5. 부모는 영유아가 음악적 요소를 탐색하도록 질문을 한다.			
6. 부모와 영유아가 함께 노래 부르기를 한다.			
7. 부모와 영유아가 함께 악기 연주를 한다.			
8. 부모와 영유아가 함께 음악에 맞춰 신체표현을 한다.			
9. 부모와 영유아가 함께 음악을 자주 듣는다.			
10. 부모와 영유아가 콘서트나 음악회에 간다.			
11. 부모는 영유아와 음악 프로그램(TV)을 함께 본다.			
12. 부모는 영유아가 차를 탈 때 차 안에서 음악을 틀어 준다.			
13. 가정에는 리듬악기, 멜로디 악기, 현악기 등이 준비되어 있다.			
14. 가정에는 카세트 및 컴퓨터, 음악테이프, CD류가 준비되어 있다.			

2014년 임용고시 문제

❀ 다음 괄호 안에 알맞은 평가 방법을 써 넣으세요.

민재의 기본생활습관을 알아보기 위해 부모용 질문지법을 활용하였다. 질문의 문항에 대한 반응은(   ) 형식으로 응답하게 하였다. (   ) 형식은 민재의 기본생활습관에 대한 단순한 출현 유무뿐만 아니라 기본생활습관 형성 정도에 대한 정보를 제공해 준다.

2016년 임용고시 문제 1

❀ 다음 괄호 안에 알맞은 평가 방법을 써 넣으세요.

최교사: (   )은 예나 아니오로 표시하면 되니까 자조 기술이 형성되었는지 여부를 알기가 쉬워요. 그리고 결과에 따라 영유아들의 자조 기술 형성에 도움을 줄 수 있는 방안을 교육과정 계획에 반영해 볼 수도 있잖아요.

2016년 임용고시 문제 2

❀ 다음 괄호 안에 알맞은 평가 방법을 써 넣으세요.

(   )는 단순히 자료를 수집하는 것보다 영유아 언어 발달이나 진보가 나타나는 언어나 음률 활동 동영상이나 놀이 사진, 활동 결과물을 선별하여 수집하는 것이 중요해요.

2019년 임용고시 문제

❀ 다음 괄호 안에 알맞은 평가 방법을 써 넣으세요.

박교사: 예전에 제가 평정척도법으로 관찰할 때, 가끔 표시학 애매한 경우에는 중간 점수에 표시해 버려서 객관적인 결과를 얻기 힘든 적이 있었어요(   ).

〈답안〉

2014년 임용고시 문제: 평정척도

2016년 임용고시 문제 1: 행동목록법(체크리스트)

2016년 임용고시 문제 2: 포트폴리오

2019년 임용고시 문제: 중앙 집중의 오류

제12장

영유아 음악교육의 통합적 접근

통합적 접근이란 영유아의 전인 발달을 위해 영유아에게 음악 영역과 타 영역 간의 통합, 음악 영역 간의 통합, 예술 경험 영역 간의 통합 경험을 제공하는 것을 의미한다. 영유아는 발달 특성상 여러 가지 내용을 분리하여 경험하는 것보다 통합된 전체로서 경험하고 배우는 것이 더 효과적이므로 통합적 활동으로 제공하는 것이 바람직하다. 영유아는 음악, 움직임과 춤, 미술, 극놀이를 통합적으로 경험할 때 자신의 경험을 조직적이고 종합적으로 표현할 수 있게 되며, 더욱 풍부한 표현력을 가질 수 있다. 또한, 이러한 경험이 일상적으로 반복되면서 영유아는 예술활동 전반에 대해 지속적으로 흥미를 느끼고 창의적 표현 과정을 즐기게 된다(교육과학기술부·보건복지부, 2013).

음악 영역과 타 영역 간의 통합의 예를 들면 다음과 같다.

1. 음악 영역과 타 영역 간의 통합

영유아 교육과정은 주제를 중심으로 여러 교과 및 생활영역이 통합되어 운영되므로 표현활동도 다른 교과 영역과 연결할 수 있다. 음악 영역과 다른 영역과의 통합으로 미술과 과학, 언어, 사회, 미술, 동작 등의 활동을 통합하여 활동할 수 있다.

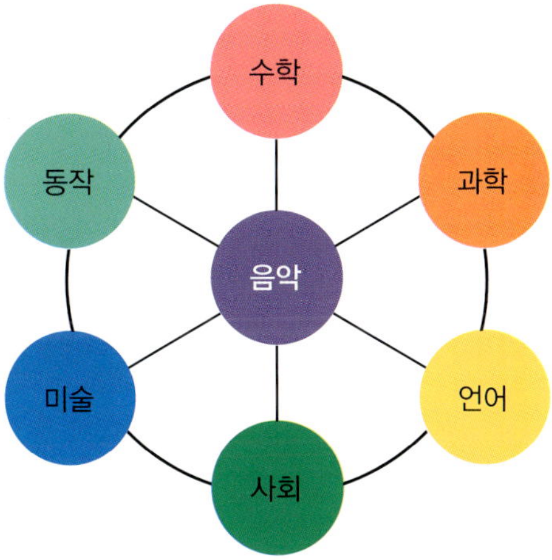

| 그림 5 | 음악영역과 타 영역 간의 통합

1) 음악과 수학 간의 통합의 예

음악은 유치원과 가정에서 영유아들이 패턴을 인식하고 활용할 수 있도록 돕는 데 있어서 매우 중요한 역할을 한다. 대부분의 음악 활동과 음악적 자료들(악기 등)은 영유아들의 발현적 수학 학습을 위한 아주 좋은 시도이자 자료이다(Geist & Geist, 2008; Southgate & Roscigno, 2009). 오랫동안 음악은 영유아들의 수학적 능력 향상에 도움을 제공해왔다. 음악에는 특히 패턴의 요소가 내포되어 있어 영유아들이 패턴을 이해하는 데 있어서 중요하게 작용한다. 실제로 일부 학자들(Edelson & Johnson, 2003)은 음악이 수학적 학습 환경을 더욱 풍요롭게 한다고 밝히고 있으며, 영유아들로 하여금 즐겁고 안락한 마음으로 수학 활동에 능동적 참여자가 되도록 만든다.

영유아들이 자연스럽게 편안한 마음으로 수학 활동을 즐기도록 하기 위해서는 음악을 적극적으로 활용할 필요가 있다. 영유아들은 음악 활동을 하면서 수학을 배운다는 생각을 전혀 하지 못하면서 자연스럽게 수학에서의 패턴을 이해하게 된다.

카밀: 수학이란 무엇일까?
제니: (자신의 어깨를 감싸며 머리를 흔든다)
카밀: 좋아! 여기에 너희가 놀이하고 있는 사진들이 있단다. 여기에 오리들이 있고 셔츠가 있네.
제니: 나는 알아요. 색깔 기차가 있잖아요. (제니는 색깔 기차 노래를 읊조리며) 색깔 기차가 다가오네! 다가오네 색깔 기차가 여기 있네. 색깔 기차가 머무네(생략)

색깔 기차라는 노래를 통해 리듬과 비트를 자연스럽게 이해하도록 안내한 교사는 음악 활동이 영유아들의 수학에 대한 흥미를 불러일으키고, 패턴에 대한 이해를 돕는다는 것을 이해할 수 있었다.

영유아들과 드보르자크의 '현을 위한 세레나데'를 감상 후, 음악을 들으며 눈 결정 모양의 부직포 조각을 뿌리며 눈의 모양이 어떻게 떨어지는지를 보면서 눈처럼 움직여 보는 활동은 음악과 수학(공간개념: '위', '아래', '옆' 등)의 통합이라고 할 수 있다. 음악과 수학 통합의 예는 다음과 같다.

출처: 보건복지부(2014).

2) 음악과 언어 간의 통합의 예

영유아들과 '신나는 풍물놀이'를 감상한 후, '신나는 풍물놀이' 동화를 듣고, 징, 꽹과리, 북, 장구, 소고 등에 대해 이야기 나누는 경험은 음악과 언어의 통합이라고 할 수 있다. 음악과 언어(듣기, 말하기) 통합의 예는 다음과 같다.

'신나는 풍물놀이'를 감상한 후, '신나는 풍물놀이' 동화를 들은 후 다음과 같은 질문을 할 수 있다.

- 동화 속에는 어떤 악기들이 나왔니?
- 기억나는 악기의 이름이 있니?
- 악기의 소리는 어땠니?
- 다 같이 악기를 연주하면 어떤 기분이 들까? 등

출처: 보건복지부(2001).

3) 음악과 사회 간의 통합의 예

영유아들이 우리나라에 관심을 갖고 이해할 수 있도록 우리나라 전래동요인 강강술래 노랫말의 의미를 설명해 주고, 강강술래 중 '남생아 놀아라'를 감상하게 한 후 함께 춤을 춰 보는 활동은 음악과 사회의 통합이라고 할 수 있다. 음악과 사회(우리나라에 대한 관심) 간 통합의 예는 다음과 같다.

악보

남생아 놀아라

전래동요

노랫말	놀이 방법	그림 예시
남생아 놀아라	선소리꾼이 '남생아 놀아라'를 선창하면 돌던 사람들은 제자리걸음을 한다.	
촐래촐래가 잘 논다	두 사람이 짝을 지어 손을 마주 잡고 시계 방향으로 돈다.	

4) 음악과 동작 간의 통합의 예

음악은 예술교과의 하나로서 미술, 동작과 춤, 문학 등과 같은 학문과 자연스럽게 연계되어 통합적으로 경험할 수 있다. 특히 음악은 동작 교과와 통합되었을 때 영유아의 흥미가 더욱 높아지며, 음악적 능력에도 긍정적인 영향을 줄 수 있다. 음악과 동작 간의 통합 예를 들면 다음과 같다.

또한 영유아들과 동물의 사육제 '캥거루'를 감상하고 캥거루의 움직임을 흉내낸다면, 이는 음악과 동작의 통합이라고 할 수 있다. 예를 들면, 영유아들과 생상스의 동물의 사육제 중 '캥거루'를 감상하고, 동영상으로도 캥거루의 움직임을 살펴본다. 그리고 캥거루의 움직임을 상상하며 다시 음악을 들어 본 후, 캥거루의 움직임을 몸으로 표현해 본다. 음악과 동작(움직임으로 표현) 통합 예는 다음과 같다.

| 그림 6 | 캥거루의 모습

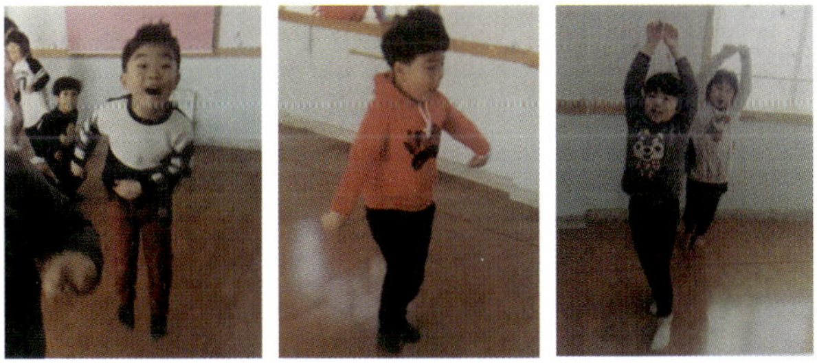

| 그림 7 | 캥거루를 표현하는 영유아들 모습

출처: 보건복지부(2014).

5) 음악과 과학 간의 통합 예

음악과 과학 간의 통합의 예로서 영유아들과 '신기한 자석'이라는 활동으로 자석의 성질에 대해 이야기를 나눠 보고, 자석에 붙는 것과 붙지 않는 것을 '여우야 여우아' 노래를 개사하여 부르는 활동을 들 수 있다.

2. 음악 영역 간의 통합 예

음악은 소리 탐색 및 소리 만들기, 노래 부르기, 악기 다루기 및 악기 만들기, 음악 감상하기, 노래극 하기, 신체 표현하기와 같은 음악 활동으로 구성되어 있다. 이와 같은 음악교육 내용 영역은 서로 연계되고 통합됨으로써 영유아의 음악적 능력을 향상할 수 있다.

음악 영역 내의 통합이란 이들 영역을 활동 내의 통합, 즉 음악적 경험으로 소리 탐색 및 소리 만들기, 노래 부르기, 악기 다루기 및 악기 만들기, 음악감상하기, 노래극 하기, 신체 표현하기 등의 통합을 의미한다. 음악 영역 간의 통합의 예를 제시하면 다음과 같다.

1) 노래 부르기와 악기 다루기 통합의 예

영유아들과 '춥지 않을까? 배고프지 않을까?' 노래를 부르면서 탬버린으로 연주를 한다면 '노래 부르기'와 '악기 다루기' 의 통합이라고 할 수 있다. 예를 들면, 영유아들과 가사 아래 그려진 탬버린을 흔들면서 '악기 다루기'를 경험하고, '춥지 않을까? 배고프지 않을까?' 노래를 부르면서 '노래 부르기'를 경험한다.

악기 연주를 통하여 간단한 리듬을 표현할 수 있는 활동의 예는 다음과 같다.

1. 활동 자료: 리듬악기(탬버린), 그림으로 가사가 표현된 리듬악기 악보

춥지 않을까? 배고프지 않을까?

탬버린 연주 ~흔들기

펑펑펑 눈이 내리면 산 속의 토끼 어떻게 사나

춥지 않을까. 배고프지 않을까.

산속의 토끼 어떻게 사나.

토끼야 토끼야 얼마나 추우니? 춥지 않아 나는 털옷을 입었잖아.

그렇겠구나. 정말 다행이구나. 랄라랄라 랄랄라

쌩쌩쌩 바람불면은 산 속의 다람쥐 어떻게 사나

춥지 않을까. 배고프지 않을까.

산속의 다람쥐 어떻게 사나.

다람쥐야 얼마나 배고프니?

걱정하지마. 도토리 알밤을 창고에 가득 채워넣었단다.

그렇겠구나. 정말 다행이구나. 랄라랄라 랄랄라

2. 활동 방법의 예시
- '춥지 않을까? 배고프지 않을까?' 노래를 통한 악기 연주를 하기 전에, 겨울잠을 자는 동물에 관한 이야기를 나눠 볼 수 있다.
- 탬버린의 사용법을 잘 모르는 영유아들을 위해 교사가 탬버린을 연주하며 부르는 노래를 들려주고, 탬버린으로 연주를 해 본다.
- 그림으로 가사가 표현된 리듬악기 악보를 보면서 가사판의 리듬악기의 표시를 보며 악기를 함께 연주해 본다.

2) 음악 감상하기와 신체 표현하기 통합의 예

영유아들과 비발디의 사계 중 '가을' 1악장을 들으면서 스카프를 이용해서 다양한 신체 표현을 해 보았다면, '음악 감상하기'와 '신체 표현하기'의 통합이라고 할 수 있다.

영유아들은 음악을 듣게 되면 자연스럽게 신체로 표현하게 된다. 그러므로 교사는 음악을 감상하 후에 신체로 표현할 기회를 제공해주어야 하며, 스카프나 리듬막대 같은 소품을 제공하여 음악에 대한 자신의 느낌을 자유롭게 표현할 수 있도록 안내할 필요가 있다.

3. 예술 영역 간의 통합

영유아가 상징적 체계를 이용하는 자기 표현을 하는 예술영역으로는 음악, 움직임과 춤, 미술, 극놀이 등이 있다. 이러한 예술과 관련된 표현 매체를 통한 활동은 각각 분리하여 전개될 때보다 서로 연계되고 통합되었을 때 다른 학문적 영역의 발달에 긍정적 영향을 미치게 된다. 그러므로 음악, 움직임과 춤, 미술, 극놀이 등의 표현활동이 초기에는 한 가지 예술영역 내에서의 통합에서 시작하여 점차 두 가지 이상의 예술영역 간의 통합으로 활동이 이루어질 수 있도록 안내할 필요가 있다.

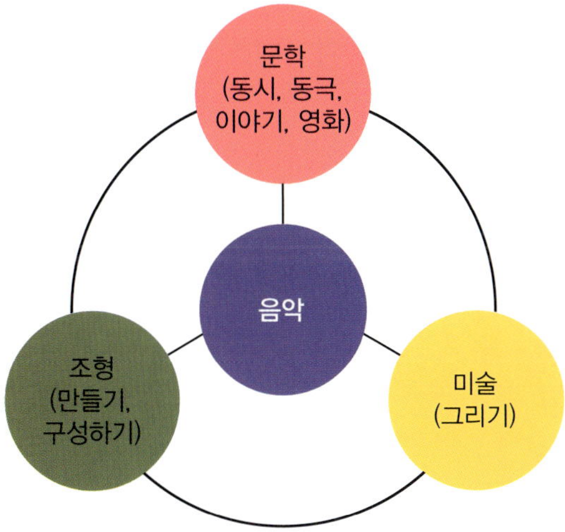

| 그림 8 | **예술영역 내의 통합**

예술 영역 간의 통합 예를 들면 다음과 같다.

(1) 음악과 동작의 통합 예

영유아들과 바깥 놀이 후 영유아들의 옷과 몸에 묻은 모래와 먼지에 대해 이야기를 나눈 후, '털기 체조'를 통해 옷에 묻은 모래와 먼지를 털어본다면, 음악과 동작의 통합이라고 할 수 있다.

털기체조

정현희 작사
김정미 작곡

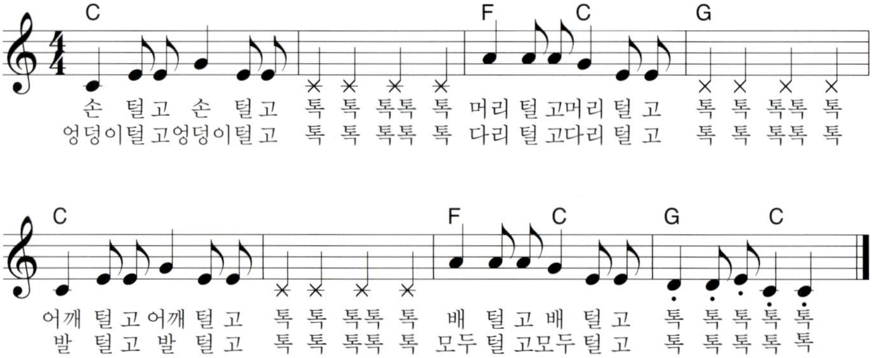

(2) 음악과 미술의 통합 예

마르크 샤갈의 첼로 연주자 명화를 감상한 후 영유아들은 첼로 악기를 탐색하고, 첼로로 연주된 곡을 감상하는 과정에서 영유아들은 자연스럽게 음악과 미술의 통합적 경험을 할 수 있다.

(3) 음악과 문학의 통합 예

영유아들과 '팥죽 할머니와 호랑이' 동화를 듣고 동화 주인공들이 내는 소리로 소리동화를 만들어 보는 활동은 음악과 문학의 통합이라고 할 수 있다.

예를 들면, 영유아들과 '팥죽 할머니와 호랑이' 플래시 동화를 감상 한 후, 동화를 다시 들으며 동화의 등장인물과 어울리는 다양한 소리를 악기로 표현해 볼 수 있다.

음악과 문학의 통합의 예는 다음과 같다.

소리에 관해 다음과 같이 수업을 진행할 수 있다.
- 알밤을 아궁이에 넣었다가 호랑이에게로 튀었을 때 어떤 소리가 났니?
- 그 소리는 어떤 악기 소리와 비슷할 것 같니?
- 호랑이가 송곳에 찔렸을 때에는 어떤 소리가 날까?
- 어떤 악기로 표현해 볼까? 등

부록

부록 가드너의 다중지능검사(Multiple Intelligences Survey)

- 각 문장을 읽고 여러분을 잘 나타내고 있는 것에 체크하시오.
- 각 영역 아래 여러분이 표시한 문항 수를 헤아려 점수를 계산해 보시오.

1영역(언어 지능)	
________	나는 모든 종류의 자료들을 읽는 것이 즐겁다.
________	노트해 놓는 것이 기억하고 이해하는 데 도움이 된다.
________	나는 편지나 이메일을 통해 친구와 성심성의껏 접촉한다.
________	나는 나의 생각을 다른 사람에게 설명하는 것이 쉽다.
________	나는 매일 일기를 쓴다.
________	글자 퍼즐(word puzzle)이 재미있다.
________	나는 글쓰기가 즐겁다.
________	나는 재담, 철자 바꾸기 놀이, 두음 전환 등과 같은 언어놀이가 즐겁다.
________	나는 외국어에 흥미가 있다.
________	토론, 연설과 같은 활동에 참여하고 싶다.
________	7영역에 체크한 총수
________	7영역의 점수 = 총수×10

2영역(논리 — 수학 지능)	
________	나는 나의 물건을 단정하고 정돈되게 유지한다.
________	한 단계 한 단계의 점진적인 지도가 큰 도움이 된다.
________	문제를 해결하는 것이 나에게는 쉽다.
________	나는 부주의한 사람한테는 쉽게 실망한다.
________	나는 암산을 빠르게 할 수 있다.
________	논리, 추리를 요구하는 퍼즐이 재미있다.
________	나는 내 의문이 해결되기 전에는 숙제를 시작할 수 없다.
________	조직이나 구성이 나를 성공할 수 있게 돕는다.
________	나는 컴퓨터 스프레드시트나 데이터베이스와 같은 일을 하는 것이 보람 있다.
________	모든 것이 명확하게 이해되어야 한다. 그렇지 않으면 불만족스럽다.
________	3영역에 체크한 총수
________	3영역의 점수 = 총수×10

3영역(공간 지능)	
______	나는 마음속으로 아이디어를 그릴 수 있다.
______	방을 재정돈하는 일이 나는 즐겁다.
______	여러 가지 다양한 미디어를 사용하여 예술을 창조하는 것이 즐겁다.
______	나는 그래픽 조직자를 사용하면 잘 기억한다.
______	표현예술(공연, 연주 등)이 매우 즐겁다.
______	스프레드시트는 차트, 그래프, 표를 만드는 데 적합하다.
______	3차원의 퍼즐게임이 훨씬 더 즐겁다.
______	뮤직비디오들은 매우 기운을 북돋운다.
______	나는 심상으로 사물을 회상할 수 있다.
______	나는 지도나 청사진을 읽는 데 능숙하다.
______	9영역에 체크한 총수
______	9영역의 점수 = 총수×10

4영역(신체 — 운동 지능)	
______	나는 내 손으로 무언가 만들기를 좋아한다.
______	나는 오랜 시간 동안 가만히 앉아 있는 것이 어렵다.
______	나는 실외에서 하는 게임이나 스포츠를 좋아한다.
______	나는 사인 언어(sign language)와 같은 비언어적 의사소통을 높이 평가한다.
______	건강한 신체는 건강한 마음을 위해서 중요하다.
______	취미나 심심풀이로 미술공예를 하는 것이 즐겁다.
______	춤을 통한 자기표현이 아름답다.
______	나는 공구를 가지고 일하기를 좋아한다.
______	나는 활동적인 생활양식으로 산다.
______	나는 어떤 것을 행함에 따라 배운다.
______	6영역에 체크한 총수
______	6영역의 점수 = 총수×10

5영역(음악 지능)	
______	나는 사물의 패턴을 쉽게 발견하고 포착한다.
______	나는 잡음과 소리에 주의를 집중한다.
______	나는 박자에 맞춰서 움직이는 것이 쉽다.
______	나는 악기를 연주하는 데 흥미가 있다.
______	시의 운율이 나의 호기심을 돋운다.
______	나는 운율을 띄우면서 기억하기를 좋아한다.
______	라디오를 듣거나 TV를 보는 동안에는 다른 일에 집중하기가 어렵다.
______	나는 여러 종류의 음악을 즐긴다.
______	연극보다 뮤지컬이 더 재미있다.
______	노래 가사를 기억하는 것이 쉽다.
______	2영역에 체크한 총수
______	2영역의 점수 = 총수×10

6영역(대인관계 지능)	
______	나는 다른 사람과 원활히 상호작용하는 법을 안다.
______	사람이 많을수록 더욱 즐겁다.
______	스터디 그룹이 나에게는 매우 생산적이다.
______	나는 채팅을 즐긴다.
______	정치 활동에 참여하는 것이 중요하다.
______	라디오나 TV의 토크쇼가 재미있고 즐겁다.
______	나는 팀 플레이어다.
______	나는 혼자 일하는 것을 싫어한다.
______	클럽 활동이나 과외 활동이 재미있다.
______	나는 사회적 문제나 논점에 주의를 기울인다.
______	5영역에 체크한 총수
______	5영역의 점수 = 총수×10

7영역(자기이해 지능)	
______	어떤 복잡하고 어려운 장면에서 나의 역할을 찾는 것이 중요하다.
______	나는 인생에 대한 의문점에 대해 토론하는 것이 즐겁다.
______	종교는 나에게 중요하다.
______	나는 훌륭한 예술 작품을 보는 것이 즐겁다.
______	조용한 휴식과 명상은 할 만한 가치가 있다.
______	나는 자연에서 멋진 장소를 찾아다니는 것을 즐긴다.
______	나는 고대와 현대 철학서를 읽기 좋아한다.
______	나는 내가 그 가치를 이해했을 때 새로운 것에 대한 학습이 더 쉽다.
______	우주에 인간 외에 지능이 발달한 또 다른 존재가 있을지 궁금하다.
______	역사와 고대 문화를 공부하는 것이 나를 조망하는 데 도움을 준다.
______	4영역에 체크한 총수
______	4영역의 점수 = 총수×10

8영역(자연관찰 지능)	
______	나는 공통적인 특징에 의해서 사물을 분류하는 것을 좋아한다.
______	생태학적인 문제들은 나에게 중요하다.
______	하이킹과 캠핑은 즐거운 활동이다.
______	나는 정원에서 일하는 것이 즐겁다.
______	나는 국립공원을 보존하는 것이 중요하다고 믿는다.
______	사물을 체계적으로 배치하면 이해가 잘 된다.
______	나의 생활에 동물은 중요하다.
______	우리 집은 적절한 재활용 시스템을 가지고 있다.
______	나는 생물학, 식물학, 동물학을 공부하기 좋아한다.
______	나는 많은 시간을 집 밖에서 보낸다.
______	1영역에 체크한 총수
______	1영역의 점수 = 총수×10

9영역(실존 지능)	
______	나는 내 도덕적 신념에 대해 잘 알고 있다.
______	나는 학습 과제에 대하여 정서적인 애착을 가질 때 학습이 가장 잘 된다.
______	공평하고 공명정대한 것이 내게 중요하다.
______	나의 태도는 나의 학습방법에 영향을 준다.
______	사회적 정의에 관한 이슈가 나의 관심사다.
______	혼자 일하는 것도 여럿이 그룹으로 일하는 것만큼 생산적일 수 있다.
______	나는 어떤 일을 한다고 동의하기 전에 왜 내가 그 일을 해야 하는지 알아야 한다.
______	내가 무언가를 믿을 때는 그것을 위해서 100% 노력을 한다.
______	나는 다른 사람을 도울 수 있는 일에 소속되기를 좋아한다.
______	나는 잘못된 것을 바로잡기 위해서 기꺼이 청원하거나 탄원한다.
______	8영역에 체크한 총수
______	8영역의 점수 = 총수×10

출처: Walter Mckenzie(1999). Creative Classroom Consulting.

참고문헌

교육과학기술부 · 보건복지부 (2013). 누리과정 유아반 지침서. 서울 : 보건복지부.

교육과학기술부 · 보건복지부 (2020). 누리과정 교사용 지침서. 교육과학기술부, 보건복지부.

교육과학기술부 (2009). 부모와 함께 하는 유아전통예술. 교육과학기술부.

김선정 (2018). Weierstrass semigroups on double covers of plane curves of degree six with total flexes. 대한수학회보, 55(2), 611-624.

김소향 · 안경숙 (2009). 음악 교육내용 영역에 따른 유아교사의 교수방법 실제에 대한 분석 연구. 음악교육연구, 36, 29-54.

김영미 (2010). 교사의 관점에서 바라본 좋은 무용수업. 미간행 석사학위논문, 숙명여자대학교 대학원.

김영연 (1996). TV 유아교육프로그램과 유아음악교육. 유아교육연구, 16(2), 109-123.

김영연 (2002). 유아음악교육론. 서울 : 학지사.

김은정 · 이정욱 (2005). 유아 수학과 음악의 통합교육을 위한 이론적 고찰. 유아교육연구, 26(6), 201-220.

김은형 (2008). 동화를 통한 노래극 활동이 유아의 언어능력 및 음악능력에 미치는 효과. 전남대학교 교육대학원 석사학위논문.

김현호 · 김기철 · 정희정 · 최철용 · 최용득 · 현영렬 (2015). 영유아발달. 학지사.

나귀옥 · 김경희 (2012). 문제해결력을 기르기 위한 유아수학교육. 서울: 학지사.

엄정애 · 송정 (2008). 유치원 교사의 음악적 개념에 대한 인식 및 활동 수행 정도. 교과교육학연구, 12(2), 471-492.

임혜정 (2004). 유아교육기관에서 선호하는 동요에 관한 조사 및 악곡분석 연구. 덕성여자대학교 대학원 박사학위논문.

박명숙 (2017). 영유아 음악교육. 경기: 공동체

박형신 (2006). 유아국악능력 검사도구 개발연구. 전남대학교 대학원 박사학위논문.

박혜진 (2001). 노래극 활동을 통한 통합적 교육활동 경험이 유아의 자아개념, 조망수용능력 및 음악능력에 미치는 영향. 건국대학교 교육대학원 석사학위논문.

방은영 (2008). 유아 음악성 계발을 위한 프로그램 구성 및 적용 효과. 중앙대학교 대학원 박사학위논문.

보건복지부(2013). 4세 누리과정에 기초한 어린이집 프로그램 교사용 지도서. (2), (5), (6), (7), (8). 보건복지부.

보건복지부 · 육아정책연구소 (2013). 표준보육과정 영아반 지침서. 서울: 보건복지부 · 육아정책연구소 .

신애선 · 안경숙 (2017). 유아 디자인 활동이 미술능력과 언어표현력에 미치는 영향. -뇌 기반 학습 원리 적용을 중심으로. 유아교육 · 보육복지연구, 21(3), 79-106.

신애선 · 안경숙 (2018). 악기가 그려진 명화를 활용한 음악활동이 유아의 정서지능과 미술감상능력에 미치는 효과. 학습자중심교과교육연구, 18, 573-592.

안경숙 · 김소향 (2011). 그림책과 요리 활동을 활용한 창의적 음악 만들기 활동이 유아의 음악성과 창의성에 미치는 효과. 음악교육연구, 40, 85-107.

안경숙 · 김소향 · 박진성 (2007). 창작이야기 노래를 활용한 유아 주도적 음악극 활동이 유아의 음감 및 리듬감에 미치는 효과. 음악교육연구, 24, 59-86.

안경숙 · 임수진 · 김정주 (2010). 멀티미디어 기반 유아음악교육의 활용실태와 인식에 대한 조사 및 교사의 사고와 경험의 의미 분석. 한국영유아보육학, 65, 125-146.

안재신 (2002). 영유아음악교육. 서울 : 교육과학사.

이춘자 · 조인경 (2013). 예비교사와 현직교사를 위한 유아 음악교육. 서울: 창지사.

정종진 (2015). 뇌기반 학습의 원리와 실제. 서울: 학지사.

정현주 (2005). 음악치료학의 이해와 적용. Ewha Womans University Press.

Campbell, P. S., &Scott-Kassner, C. (2013). *Music in childhood: From preschool through the elementary grades*. Nelson Education.

Campbell, P. S., &Scott-Kassner, C. (2002). Music in childhood: From preschool to the elementary grades.

Caine, G., & Caine, R. N. (1994). Making connections. *Teaching and the human brain*. NJ: Dale Seymour Publication.

Connell, R. M. (2008). Sustained expression of microRNA-155 in hematopoietic stem cells causes a myeloproliferative disorder. *The Journal of Experimental Medicine*, *205*(3), 585-594.

Corbin, H. (2013). *Creative imagination in the Sufism of Ibn'Arabi*. Routledge.

Custodero, L. A. (2002). Seeking challenge, finding skill: Flow experience and music education. *Arts Education Policy Review, 103*(3), 3-9.

Elliott, D. J. (1995). Music matters a new philosophy of music education.

Flohr, U. J. (2005). Multi–detector row CT systems and image-reconstruction techniques. *Radiology*, *235*(3), 756-773.

Gerber, L. L., & Haines, B. J. E. (2000). Leading Young Children to Music (6* ed.).

Gembris, H W. (2002). Environmental influences. *The Science and Psychology of Music Performance*, 17-30.

Gardner, A. L. (1993). Order didelphimorphia. *Smithsonian Institution Press, Washington, DC*, 15-23.

Gerber, L. L., & Haines, B. J. E. (2000). Leading Young Children to

Gordon, N. J (1993, April). Novel approach to nonlinear/non-Gaussian Bayesian state estimation. In *IEE proceedings F (radar and signal processing)* (Vol. 140, No. 2, pp. 107-113). IET Digital Library.

Gordon, S R. (2005). Monocyte and macrophage heterogeneity. *Nature Reviews Immunology*, *5*(12), 953-964.

Greata, J. (2006). *An introduction to music in early childhood education*. Wadsworth Publishing Company.

Greenberg, L. E. S. (1979). Genetic component of bee odor in kin recognition. *Science*, *206*(4422), 1095-1097.

Isenberg, J. P., & Jalongo, M. R. (1993). Creative expression and play in the early childhood curriculum. Simon & Schuster Books For Young Readers.

Jensen, E. (2008). Introduction to brain-compatible learning. CA: The Brain store. Inc. Levine, M. (2003). 아이의 뇌를 읽으면 아이의 미래가 열린다. [A Mind at a Time] (이창신 역). 서울: 도서출판 소소. (원저는 2002년에 출판).

Jensen, E. (2010). The (perceived) returns to education and the demand for schooling. *The Quarterly Journal of Economics, 125*(2), 515-548.

Johnson, G. L., & Edelson, R. J. (2003). Integrating music and mathematics in the elementary classroom. *Teaching Children Mathematics*, *9*(8), 474-480.

Kemple, K. M., Batey, J. J., & Hartle, L. C. (2004). Music play: Creating centers for musical play and exploration. *YC Young Children, 59*(4), 30.

Lane, R. D., Nadel, L., Allen, J. J., & Kaszniak, A. W. (2000). The study of emotion from the perspective of cognitive neuroscience.

Lambin, E. F., & Geist, H. J. (Eds.). (2008). *Land-use and land-cover change: local processes and global impacts*. Springer Science &Business Media.

Lehmann, M. F. (2002). Preservation of organic matter and alteration of its carbon and nitrogen isotope composition during simulated and in situ early sedimentary diagenesis. *Geochimica et Cosmochimica Acta*, *66*(20), 3573-3584.

Lim, E. O., & Kim, J. E. (2018). The Effect of Natural Disaster Safety Education on Young Children's Safety Problem-solving Abilities and Eco-friendly Attitudes. *Korean*

Journal of Child Education & Care, 18(4), 227-245.

McDonald, N. Q., & Hendrickson, W. A. (1993). A structural superfamily of growth factors containing a cystine knot motif. Cell, 73(3), 421-424.

Mitchell, R. H. (2002). *Perovskites: modern and ancient* (Vol. 7). Thunder Bay: Almaz Press.

Neiman, P. E., Ruddell, A., Jasoni, C., Loring, G., Thomas, S. J., Brandvold, K. A., ... & Delrow, J. (2001). Analysis of gene expression during myc oncogene-induced lymphomagenesis in the bursa of Fabricius. *Proceedings of the National Academy of Sciences, 98*(11), 6378-6383.

Miranda, J. M. (2004). Social structure of Alouatta guariba clamitans: a group with a dominant female. *Neotropical Primates, 12*(3), 135-138.

Pica, R. (2010). Linking literacy and movement. *Young Children, 65*(6), 72-73.

Silberg, J. L. (Ed.). (1998). The dissociative child: Diagnosis, treatment, and management. Sidran Press.

Stuiver, M., Reimer, P. J., &Reimer, R. W. (2017). Calib 7.1 [www program].

Speake, B. K., Noble, R. C., & McCartney, R. J. (1993). Tissue-specific changes in lipid composition and lipoprotein lipase activity during the development of the chick embryo. *Biochimica et Biophysica Acta (BBA)-Lipids and Lipid Metabolism, 1165*(3), 263-270.

Sperling, R. A., Howard, B. C., Staley, R., &DuBois, N. (2004). Metacognition and self-regulated learning constructs. *Educational Research and Evaluation, 10*(2), 117-139.

Thaut, M. H. (2005). 리듬, 음악, 그리고 뇌. [Rhythm, music, and the brain: Scientific foundations and clinical applications].(차영아 역). 서울: 학지사.

저자소개

안경숙

덕성여자대학교 대학원 유아교육과 졸업(교육학 석사)

덕성여자대학교교 대학원 유아교육과 졸업(교육학 박사)

전 고려대학교, 건국대학교, 성신여자대학교 외래교수

전 호원대학교 부속 유치원 원장

현 호원대학교 유아교육과 교수

〈저서〉

『영유아수학교육』

『영유아발달』

『구성주의이론에 기초한 유아음악교육』

『영유아교과교육론』

『영유아미술교육』 등 다수

〈논문〉

「유아예술교육활동과 연계된 창의적 극놀이 프로그램 개발 및 효과」

「그림책과 요리활동을 활용한 창의적 음악만들기 활동이 유아의 음악성과 창의성에 미치는 효과」

「뇌기반 학습 원리를 적용한 예비유아교사 동작교육 수업의 질적 효과 분석」

「로봇기반교육(R-Learning)실행과정에서 나타나는 특성에 대한 탐색」

「악기를 활용한 유아미술활동이 유아의 미술감상능력과 언어표현력에 미치는 효과」

신애선

원광대학교 대학원 유아교육과 졸업(교육학 석사)
원광대학교 대학원 유아교육과 졸업(교육학 박사)
전 호원대학교, 원광보건대학 겸임교수
전 둥지어린이집 원장
현 유원대학교 유아교육과 교수

〈저서〉
『영유아발달』
『영유아미술교육』
『영유아동작교육』
『아동안전관리』
『보육학개론』
『부모교육』 등 다수

〈논문〉
「악기를 활용한 유아미술활동이 유아의 미술감상능력과 언어표현력에 미치는 효과」
「구성주의 유치원 유아들의 바깥놀이 의미 탐색」
「그림이야기책의 갈등상황에 따른 이야기꾸미기 활동이 유아의 조망수용능력과 언어능력에 미치는 효과」
「과학적 개념이 포함된 그림책을 통한 토의활동이 유아의 과학적 탐구능력과 언어표현력에 미치는 효과」
「사회성 동화를 활용한 극놀이가 유아의 친사회적행동과 언어표현력에 미치는 영향」

영유아 음악교육

초판 1쇄 인쇄 2020년 2월 28일
초판 1쇄 발행 2020년 3월 2일

지 은 이 | 안경숙 · 신애선
펴 낸 이 | 김기섭
편 집 인 | 이조롱
펴 낸 곳 | 창지사 www.changJisa.com
08589 서울시 금천구 가산디지털 1로 83 파트너스타워 1차 9층
전화 (02)719-2211~3
팩스 (02)701-9386
등 록 | 1977년 4월 28일 · 제1-421호

ISBN 978-89-426-1299-4 (93370)

값 18,000원

KOMCA 승인필

이 도서의 국립중앙도서관 출판예정도서목록(CIP)은 서지정보유통 지원시스템 홈페이지(http://seoJi.nl.go.kr)와 국가자료공동목록시스템(http://www.nl.go.kr/kolisnet)에서 이용하실 수 있습니다(CIP제어번호: CIP2020008614).